浙江省新型重点专业智库杭州国际城市学研究中心
浙江省城市治理研究中心成果

浙江智库
ZHEJIANG
THINK TANK

王国平 总主编

杭州城的南宋史

曾亦嘉 著

浙江大学出版社

《南宋全书》总序

王国平

　　2007年12月22日，举世瞩目的我国南宋商船"南海一号"在广东阳江海域打捞出水。根据探测情况估计，整船金、银、铜、铁、瓷器等文物可能达到6万～8万件，据说皆为稀世珍宝。迄今为止，除了中国，全世界都未曾发现过如此巨大的千年古船。"南海一号"的发现，在世界航海史上堪称一大奇迹，也填补与复原了南宋海上"丝绸之路"历史的一些空白。[1]不少专家认为"南海一号"的价值和影响力将不亚于西安秦始皇兵马俑。这艘沉船虽然出现在广东海域，但反映了整个南宋经济、文化的繁荣，标志着南宋社会的开放，也表明当时南宋引领着世界经济的发展。作为南宋政治、经济、文化、科技中心的都城临安（浙江杭州），则是南宋社会繁华与开放的代表。从某种意义上讲，没有以临安为代表的南宋的繁荣与开放，就不会有今日"南海一号"的发现；而"南海一号"的发现，也为我们重新审视与评价南宋，带来了最好的注解、最硬的实证。

　　提起南宋，往往众说纷纭，莫衷一是。长期以来，不少人把"山外青山楼外楼，西湖歌舞几时休？暖风熏得游人醉，直把杭

---

[1]　见《"南海一号"成功出水》一文，载《人民日报》2007年12月23日。

州作汴州"[1]这首曾写在临安城一家旅店墙上的诗,当作当时南宋王朝的真实写照。虽然近现代已有海内外学者开始重新认识南宋,但相当一部分人仍认为南宋军事上妥协投降、苟且偷安,政治上腐败成风、奸相专权,经济上积贫积弱、民不聊生,生活上纸醉金迷、纵情声色,总之,把南宋王朝视为一个只图享受、不思进取的偏安小朝廷。导致这种历史误解的原因,在很大程度上是人们对患有"恐金病"的宋高宗和权相秦桧一伙倒行逆施的义愤,这是可以理解的。但是,我们决不能坐在历史的成见之上人云亦云。只要我们以对历史负责、对时代负责、对未来负责的精神和科学求实的态度,以科学发展观为指导,对南宋进行全面、深入、系统的研究,将南宋放到当时的历史发展阶段中,放到中国社会发展的历史长河中,放到整个世界的文明进程中考察,就不难发现南宋在经济政治、思想文化、科学技术、国计民生等方面所取得的成就,就不难发现南宋对中华文明产生的巨大影响,以此对南宋做出科学、客观、公正的评价,"还原一个真实的南宋"。

宋钦宗靖康元年(1126)闰十一月,金军攻陷北宋京城开封。次年三月,金军俘徽、钦二帝北去,北宋灭亡。同年五月,宋徽宗第九子、钦宗之弟赵构,在应天府(河南商丘)即位,是为高宗,改元建炎,重建赵宋王朝。建炎三年(1129)二月,高宗来到杭州,改州治为行宫,七月升杭州为临安府。此时起,杭州实际上已成为南宋的都城。绍兴八年(1138),南宋宣布临安府为"行在所",正式定都临安。自建炎元年(1127)赵构重建宋室,至祥兴二年(1279)帝昺蹈海灭亡,历时153年,史称"南宋"。

我们认为,研究与评价南宋,不应当仅仅以王朝政权的强弱为依据,而应当坚持"以人为本"理念,以人们生存与生活状态

---

[1] (南宋)林升:《题临安邸》,转引自田汝成:《西湖游览志余》卷二《帝王都会》,上海古籍出版社 1980 年版,第 14 页。

的改善作为社会进步的根本标准。许多人评价南宋，往往把南宋朝廷作为对象，我们认为所谓"南宋"，不仅仅是一个历史王朝的称谓，而主要是指一个特定的历史阶段和历史时期。在马克思主义看来，历史的进步是社会发展和人的发展相统一的过程，"人们的社会历史始终只是他们的个体发展的历史"，[1]未来理想社会"以每个人的全面而自由的发展为基本原则"。[2]人是社会发展的主体，人的自由与全面发展是社会进步的最高目标。这就要坚持"以人为本"的科学发展观，将人的生存与全面发展作为评价一个历史阶段的根本依据。南宋时期，虽说尚处在中国封建社会的中期，人的自由与发展受到封建集权思想与皇权统治的严重束缚，但与宋代以前漫长的封建历史时期相比，这一时期出现的对人的生存与生活的关注度以及南宋人的生活质量和创造活力达到的高度都是前所未有的。

研究与评价南宋，不应当仅仅以军事力量的强弱作为评价依据，而应当还以社会经济、文化整体状况与发展水平的高低作为重要依据。我们评判一个朝代，不仅要考察其军事力量的大小，更要看其在经济、文化、科技、社会等各方面取得的成就。两宋立国320年，虽不及汉唐、明清国土辽阔，却以在封建社会中无可比拟的繁荣和社会发展的高度，跻身于中国古代最辉煌的历史时期之列。无论文化教育的普及、文学艺术的繁荣、学术思想的活跃、科学技术的进步，还是社会生活的丰富多彩，南宋都达到了前所未有的程度，在当时世界上也都处于领先地位。著名史学家邓广铭认为"宋代的文化，在中国封建社会历史时期之内，截至明清之际西学东渐的时期为止，可以说，已经达到了登峰造极的高度"。[3]

---

[1]《马克思恩格斯选集》第4卷，人民出版社1995年版，第321页。

[2]《马克思恩格斯选集》第23卷，人民出版社1995年版，第649页。

[3] 邓广铭：《宋代文化的高度发展与宋王朝的文化政策》，《历史研究》1990年第1期。

　　研究与评价南宋，不能仅仅以某些研究的成果或所谓的"历史定论"为依据，而应当以其在人类文明进步中扮演的角色，以及对后世的影响作为重要标准。宋朝是中国封建社会里国祚最长的朝代，也是封建文化发展最为辉煌的时期。南宋虽然国土面积只有北宋的3/5左右，却维持了长达153年（1127—1279）的统治。南宋不但对中国境内同时代的少数民族政权和周边国家产生了积极影响，而且对后世中华文化产生了巨大影响。正如近代著名思想家严复认为："中国所以成于今日现象者，为善为恶，姑不具论，而为宋人所造就，什八九可断言也。"[1]近代史学大师陈寅恪先生也曾经指出："华夏民族之文化，历数千载之演进，造极于赵宋之世。"[2]因此，我们既要看到南宋王朝负面的影响，更要充分肯定南宋的历史地位与历史影响，只有这样，才能"还原一个真实的南宋"。

一、在政治上，不但要看到南宋王朝外患深重、苟且偷安的一面，更要看到爱国志士精忠报国、南宋政权注重内治的一面

　　南宋时期民族矛盾异常尖锐，外患严重之至，前期受到北方金朝的军事讹诈和骚扰掠夺，后期又受到蒙元的野蛮侵略。这些矛盾长期威胁着南宋政权的生存与发展。在此情形下，南宋初期朝廷中以宋高宗为首的主和派，积极议和，向女真贵族纳贡称臣。南宋王朝确实存在消极抗战、苟且偷安的一面，但也要承认南宋王朝大多君王始终怀有收复中原的愿望。南宋将杭州作为"行在所"，视作"临安"而非"长安"，也表现了南宋统治集团不忘收复中原的意愿。我们更应该看到南宋153年中，涌现了以岳飞、

---

[1] 严复：《严几道与熊纯如书札节钞》，江苏古籍出版社1999年影印本，载《学衡》第13期。

[2]《陈寅恪先生文集》第2卷，上海古籍出版社1980年版，第245页。

文天祥为代表的一大批爱国将领和数百名爱国仁人志士。这是中国古代任何一个朝代都难以比拟的。

同时，南宋政权也十分注重内治，在加强中央集权制度，推行"崇尚文治"政策，倡导科举不分门第等方面均有重大建树。其主要表现在以下几方面。

1. 从军事斗争上看，南宋是造就爱国志士、民族英雄的时代

南宋王朝长期处于外族入侵的严重威胁，为此南宋军民进行了100多年艰苦卓绝的抵抗斗争，涌现了无数气壮山河、可歌可泣的爱国事迹和民族英雄。因而，南宋是面对强敌、英勇抗争的时代。众所周知，金朝是中国历史上继匈奴、突厥、契丹以后一个十分强大的少数民族政权，并非昔日汉唐时期的匈奴、突厥与之后明清时期的蒙古可比。金军先后灭亡了辽朝和北宋，南侵之势简直锐不可当，但南宋军民浴血奋战，虽屡经挫折，终于抵挡住了南侵金军一次又一次的进攻，使南宋在外患深重的困境中站稳了脚跟。在持久的宋金战争中，南宋的军事力量不但没有削弱，反而逐渐壮大起来。南宋后期的蒙元军队则更为强大，竟然以20年左右的时间横扫欧亚大陆，使全世界都谈"蒙"色变。南宋的军事力量尽管相对弱小，又面对当时世界上最为强大的蒙元军队，但广大军民同仇敌忾，顽强抵抗了整整45年之久，这不能不说是世界抗击蒙元战争史上的一个奇迹。[1]

南宋是呼唤英雄、造就英雄的时代。在旷日持久的宋金战争中，造就了以宗泽、韩世忠、岳飞、刘锜、吴玠吴璘兄弟为代表的一批南宋爱国将领。特别是民族英雄岳飞率领的岳家军，更使金军闻风丧胆。在南宋抗击蒙元的悲壮战争中，前有孟珙、王坚等杰出爱国将领，后有文天祥、谢枋得、陆秀夫、张世杰等抗元英雄。其中民族英雄文天祥领导的抗元斗争，更是可歌可泣，彪

[1] 参见何忠礼《论南宋定都杭州对当地经济文化的重大影响》，载《杭州研究》2007年第2期。

炳史册。

南宋是激发爱国热忱、孕育仁人志士的时代。仅《宋史·忠义列传》就收录有爱国志士277人，其中大部分是南宋人。[1]南宋初期，宗泽力主抗金，并屡败金兵，因不能收复北宋失地而死不瞑目，临终时连呼3次"过河"；洪皓出使金朝，被流放冷山，历尽艰辛，终不屈服，被比作宋代的苏武；陆游"死去元知万事空，但悲不见九州同"的诗句，表达了他渴望祖国统一的遗愿；辛弃疾的词则抒发了盼望祖国统一和反对主和误国的激情。因此，我们认为，南宋不但是造就民族英雄的时代，也是孕育爱国政治家、军事家、文学家和思想家的沃土。

2. 从政治制度上看，南宋是宋代继续加强中央集权、"干强枝弱"的时期

宋朝在建国之初，鉴于前朝藩镇割据、皇权削弱的经验教训，通过采取"强干弱枝"政策，不断加强中央集权统治。这一政策在南宋时得到了进一步强化。北宋王朝在中央权力上，实行军政、民政、财政"三权分立"，削弱宰相的权力与地位；在地方权力上，中央派遣知州、知县等地方官，将原节度使兼领的"支郡"收归中央直接管辖；在官僚机构上，实行官（官品）、职（头衔）、差遣（实权）三者分离制度；在财权上，设置转运使掌管各路财赋，将原藩镇把持的地方财权收归中央；在司法权上，设置县尉一职，将方镇节度使掌握的地方司法权收归中央；在军权上，实行禁军"三衙分掌"，使握兵权与调兵权分离、兵与将分离，将各州军权牢牢地控制在中央手里，从而加强了中央对政权、财权、军权等方面的全面控制。南宋继承了北宋加强中央集权的这一系列措施，为维护国家内部统一、社会稳定和经济发展提供了良好的国内环境。尽管多次出现权相政治，但皇权仍旧稳定如故。

3. 从用人制度上看，南宋是所谓"皇帝与士大夫共治天下"

---

[1]　俞兆鹏：《南宋人才之盛及其原因》，载《杭州日报》2005年11月14日。

的时代

　　两宋统治集团始终崇尚文治，尊重知识分子，重用文臣，提倡教育和养士，优待知识分子。与秦代"焚书坑儒"、汉代"罢黜百家"、明清"文字狱"相比，两宋时期可谓封建社会思想文化环境最为宽松的时期，客观上对经济、社会、文化发展起到了积极的促进作用。[1]

　　推行"崇尚文治"政策。宋王朝对文人士大夫采取了较为宽松宽容的态度，"欲以文化成天下"，对士大夫待之以礼、"不得杀士大夫及上书言事人"，[2]确立了"兴文教，抑武事"[3]的"崇文抑武"大政方针。两宋政权将"右文"定为国策。在这种政治氛围下，知识分子的思想十分活跃，参政议政的热情空前高涨，在一定程度上出现了"皇帝与士大夫共治天下"的局面，从而有力地推动了宋代思想、学术、文化的大发展。正由于两宋重用文士、优待文士，不杀文臣，因而南宋时常有正直大臣敢于上疏直谏，甚至批评朝政乃至皇帝的缺点，这与隋唐、明清时期动辄诛杀士大夫的政治状况大不相同。

　　采取"寒门入仕"政策。为了吸收不同阶层的知识分子参加政权，两宋对选才用人的科举制度进行了改革，消除了魏晋以来士族门阀造成的影响。两宋科举取士几乎面向社会各个阶层，再加上科举取士的名额不断增加，在社会各阶层中形成了"学而优则仕"之风。南宋时期，取士更不受出身门第的限制，只要不是重刑罪犯，即使工商、杂类、僧道、农民，甚至是杀猪宰牛的屠户，都可以应试授官。南宋的科举登第者多数为平民，如在宝祐四年（1256）登科的601名进士中，平民出身者就占了70%。[4]

［１］　参见郭学信《试论两宋文化发展的历史特色》，载《江西社会科学》2003年第5期。
［２］　陶宗仪：《说郛》卷三九上，台湾商务印书馆影印文渊阁《四库全书》1986年版。
［３］　李焘：《续资治通鉴长编》卷一八，"太平兴国二年正月丙寅"条，中华书局2004年版，第392页。
［４］　俞兆鹏：《南宋人才之盛及其原因》，载《杭州日报》2005年11月14日。

二、在经济上，不但要看到南宋连年岁贡不断、赋税沉重的状况，更要看到整个南宋生产发展、经济繁荣的一面

人们历来有一种误解，认为南宋从立国之日起，就存在着从北宋带来的"积贫积弱"老毛病。确实，南宋王朝由于长期处于前金后蒙的威胁之下，迫使其不得不以加强皇权统治作为核心利益，在对外关系上，以牺牲本国的经济利益为代价，采取称臣、割地、赔款等手段来换取王朝政权的安定。正因为庞大的兵力和连年向金朝贡，加重了南宋王朝财政负担和民众经济负担，也一定程度上影响了南宋的经济发展。但在另一方面，我们更应当看到，南宋时期，由于北方人口的大量南下，给南宋的经济发展带来了充足的劳动力、先进的生产技术和丰富的生产经验，再加上统治者出台一些积极措施，南宋在农业、手工业、商业、外贸等方面都取得了突出成就。南宋经济繁荣主要体现在：

1. 从农业生产看，南宋出现了古代中国南粮北调的新格局

由于南宋政府十分注重兴修水利，并采取鼓励垦荒的措施，加上北方人口大量南移和广大农民辛勤劳动，促进了流民复业和荒地开垦。人稠地少的两浙等平原地带，垦辟了众多的水田、圩田、梯田。曾经"几无人迹"的淮南地区也出现了"田野加辟""阡陌相望"的繁荣景象。南宋时期，农作物单位面积产量比唐代提高了两三倍，总体发展水平大大超过了唐代，有学者甚至将宋代农作物单位面积产量的大幅提高称为"农业革命"。[1]"苏湖熟，天下足"的谚语就出现在南宋。[2]元初，江浙行省虽然只是元代10个行省中的一个，岁粮收入却占了全国的37.10%，[3]江浙地区成了中国农业最为发达的地区，并出现了中国南粮北调的新格局。

---

[1] 张邦炜：《瞻前顾后看宋代》，载《河北学刊》2006年第5期。
[2] （宋）范成大：《吴郡志》卷五〇《杂志》，《宋元方志丛刊》本，中华书局1990年版。
[3] （元）脱脱：《元史》卷九三《食货一·税粮》，中华书局2005年版，第2361页。

2. 从手工业生产看，南宋达到了中国古代手工业发展的新高峰

南宋时期，随着北方手工业者大批南下和先进生产技术传入，南方的手工业生产迈上了一个新台阶。一是纺织业规模和技术都大大超过了同时代的金朝，南方自此成了中国丝织业最发达的地区。二是瓷器制造业中心从北方移至江南地区。景德镇生产的青白瓷造型优美，有"饶玉"之称；临安官窑所造青瓷极其精美，为此杭州现在官窑原址建立了官窑博物馆，将这些精美的青瓷展现给世人；龙泉青瓷达到了烧制技术的新高峰，并大量出口。三是造船业空前发展。漕船、商船、游船、渔船，数量庞大，打造奇巧，富有创造性；海船采用的多根桅杆，为前代所无；战船种类众多，功用齐全，在抗金和抗蒙元的战争中发挥了重要作用。

3. 从商业发展看，南宋开创了古代中国商品经济发展的新时代

虽然宋代主导性的经济仍然是自然经济，但由于两宋时期冲破了历朝统治者奉行的"重农抑商"观念的束缚，确立了"农商并重"的国策，采取了惠商、恤商政策措施，使社会各阶层纷纷从事商业经营，商品经济呈现划时代的发展变化，进入一个新的历史发展阶段。一是四通八达的商业网络。随着商品贸易发展，出现了临安、建康（江苏南京）、成都等全国性的著名商业大都市，当时临安已达16万户，人口最多时有150万—160万人，[1] 同时，还出现了50多个10万户以上的商业大城市，并涌现出一大批草市、墟市等定期集市和商业集镇，形成了"中心城市—市镇

---

[1] 杨宽先生在《中国古代都城制度史》一书中认为，南宋末年咸淳年间，临安府所属九县，按户籍，主客户共三十九万一千多户，一百二十四万多口；附郭的钱塘、仁和两县主客户共十八万六千多户，四十三万二千多口，占全府人口的三分之一。宋朝的"口"是男丁数，每户平均以五人计，约九十多万人。所驻屯的军队及其家属，估计有二十万人以上，总人口当在一百二十万人左右，包括城外郊区十万人和乡村十万人。

集市—边境贸易—海外市场"的通达商业网络。[1]二是"市坊合一"的商业格局。两宋时期由于城市商业繁荣，冲破了长期以来作为商业贸易区的"市"与作为居民住宅区的"坊"分离的封闭式市坊制度，出现了住宅与店肆混合的"市坊合一"商业格局，街坊商家店铺林立，酒肆茶楼面街而立。从《梦粱录》和《武林旧事》的记载来看，南宋临安城内商业繁荣，甚至出现了夜市刚刚结束，早市又告兴起的繁荣景象。三是规模庞大的商品交易。南宋商品的交易量虽难考证，但从商税收入可窥见一斑。淳熙年间（1174—1189）全国正赋收入6530万缗，占全国总收入30%以上。据此推测，南宋商品交易额在20000万缗以上。可见商品交易量之巨大。[2]南宋商税加专卖收益超过农业税的收入，改变了宋以前历代王朝农业税赋占主要地位的局面。

4. 从海外贸易看，南宋开辟了古代中国东西方交流的新纪元

两宋期间，由于陆上"丝绸之路"隔断，东南方向海路成为海上对外贸易的唯一通道，海外贸易成为中外经济文化交流的主要通道。南宋海外贸易繁荣表现在：一是对外贸易港口众多。广州、泉州、临安、明州（浙江宁波）等大型海港相继兴起，与外洋通商的港口已近20个，还兴起了一大批港口城镇，形成了北起淮南、东海，中经杭州湾和福、漳、泉金三角，南到广州湾和琼州海峡的南宋万余里海岸线上全面开放的新格局。这种盛况不仅唐代未见，就是明清亦未能再现。[3]二是贸易范围大为扩展。宋前，与我国通商的海外国家和地区约20个，主要集中在中南半岛和印尼群岛，而与南宋有外贸关系的国家和地区增至60个以上，范围从南洋（今南海）、西洋（今印度洋）直至波斯湾、地中海和东非海岸。三是出口商品附加值高。宋代不但外贸范围扩大、出口商品数量增加，而且进口商品以原材料与初级制品为主，而出口

---

[1]　陈杰林:《南宋商业发展：特点与成因》，载《安庆师范学院学报》2003年第4期。
[2]　陈杰林:《南宋商业发展：特点与成因》，载《安庆师范学院学报》2003年第4期。
[3]　葛金芳:《南宋：走向开放型市场的重大转折》，载《杭州研究》2007年第2期。

商品则以手工业制成品为主，附加值高。用附加值高的制成品交换附加值低的初级产品，表明宋代外向型经济在发展程度上高于其外贸伙伴。[1]

三、在文化上，不但要看到封闭保守、颓废安逸的一面，更要看到南宋"百家争鸣、百花齐放"的繁荣局面

由于以宋高宗为首的妥协派大多患有"恐金病"，加之南宋要想收复北方失地在军事上和经济上确实存在着许多困难，收复中原失地的战争，也几度受到挫折，因此在南宋统治集团中，往往笼罩着悲观失望、颓废偷安的情绪。一些皇亲贵族，只要不是兵荒马乱，就热衷于享受山水之乐和口腹之欲，出现了软弱不争、贪图享受、胸无大志、意志消沉的"颓唐之风"。反映在一些文人士大夫的文化生活中，就是"一勺西湖水。渡江来、百年歌舞，百年酣醉"的华丽浮靡之风。但是，这并不能掩盖两宋文化的历史地位与影响。宋代是中国古代文化最为光辉灿烂的时期之一。近代的中国文化，其实皆脱胎于两宋文化。著名史学家邓广铭认为："宋代文化发展所能达到的高度，在从十世纪后半期到十三世纪中叶这一历史时期内，是居于全世界的领先地位的。"[2]日本学者则将宋代称为"东方的文艺复兴时代"。[3]著名华裔学者刘子健认为："此后中国近八百年来的文化，是以南宋文化为模式，以江浙一带为重点，形成了更加富有中国气派、中国风格的文化。"[4]

---

[1] 葛金芳：《南宋：走向开放型市场的重大转折》，载《杭州研究》2007年第2期。
[2] 邓广铭：《国际宋史研讨会开幕词》，载《国际宋史研讨论文选集》，河北大学出版社1992年版，第1页。
[3] ［日］宫崎市定：《宫崎市定论文选集》下册，商务印书馆1963年版。
[4] 刘子健：《代序——略论南宋的重要性》，载黄宽重主编《南宋史研究集》，台湾新文丰出版公司1985年版。

1. 南宋是古代中国学术思想的巅峰时期

王国维指出："宋代学术，方面最多，进步亦最著"，"近世学术多发端于宋人"。宋学作为宋型文化的精神内核，是中国古代学术思想的巅峰。宋学流派纷呈，各臻其妙，大师迭出，群星璀璨，使南宋的思想文化呈现一派勃勃生机和前所未有的活跃局面。

理学思想形成。两宋统治者以文治国、以名利劝学的政策，对当时的思想、学术及教育产生了重要影响，最明显的一个结果是新儒学——理学思想诞生。南宋是儒学各派互争雄长的时期，各学派互相论辩、互相补充，共同构筑起中国儒学发展史上一个新的阶段。作为程朱理学集大成者的朱熹，是继孔孟以来最杰出的儒家学者。理学思想倡导国家至上、百姓至上的精神，与孟子的"君轻民贵"思想是一脉相承的。同时，两宋还倡导在儒家思想主导下的"儒佛道三教同设并行"，就是在"尊孔崇儒"的同时，对佛、道两教也持尊奉的态度。理学各家出入佛老；佛门也在学理上融合儒道；道教则从佛教中汲取养分，将其融入自身的养生思想，并吸纳佛教"因果轮回"思想与儒家"纲常伦理"学说。普通百姓"读儒书、拜佛祖、做斋醮"更是习以为常。两宋"三教合流"的文化策略迎合了时代需要，使宋代儒生不同于以往之"终信一家、死守一经"，从而使得南宋在思想、文化领域均有重大突破与重大建树。

思想学术界学派林立。学派林立是南宋学术思想发展的突出表现，也是当时学术界新流派勃兴的标志。在儒学复兴的思潮激荡下，尤其是在鼓励直言、自由议论的政策下，先后形成了以朱熹为代表的道学，以陆九渊为代表的心学，以叶适为代表的永嘉事功之学，以吕祖谦、陈亮为代表的永康之学等主要学派，开创了浙东学派的先河。南宋时期学派间互争雄长和欣欣向荣的景象，维持了近百年之久，形成了继春秋战国之后中国历史上第二次"百家争鸣"的盛况，为推动南宋经济文化发展起到了积极作用。尤其是浙东事功学派极力推崇义利统一，强调"商藉农而立，农赖商而行"，认为只有农商并重，才能富民强国，实现国家中兴统一的目的。功利主义思想反映了当时人们希望发展南宋经济和收复北方失地的强烈愿望。

2. 南宋是古代中国文学艺术的鼎盛时期

近代国学大师王国维认为"天水一朝人智之活动与文化之多方面，前之汉唐、后之元明皆所不逮也"。[1]南宋文学艺术繁荣的主要表现，一是宋词兴盛。宋代创造性地发展了"词"这一富有时代特征的文学形式。词的繁荣起始于北宋，鼎盛于南宋。南宋词不仅在内容上有所开拓，而且艺术上更趋于成熟。辛弃疾是南宋最伟大的爱国词人，豪放词派的最高代表，也是南宋词坛第一人，与北宋词人苏东坡一样，同为宋词成就最杰出的代表。李清照是婉约词派的代表人物，形成了别具一格的"易安体"，对后世影响很大。陆游既是著名的爱国诗人，也是南宋词坛的巨匠。他的词充满了奔放激昂的爱国主义感情，与辛弃疾一起把宋词推向了艺术高峰。二是宋诗繁荣。宋诗在唐诗之后另辟蹊径，开拓了宋诗新境界，其影响直到清末民初。宋诗完全有资格在中国诗史上与唐诗双峰并峙，两水并流。三是话本兴起。南宋话本小说出现，在中国文学史上是一件极有意义的大事，标志着中国小说的发展已进入一个新阶段。宋代话本为中国小说的发展注入了新鲜活力，迎来了明清小说的繁荣局面。南宋还出现了以《沧浪诗话》为代表的具有现代审美特征的开创性的文学理论著作。四是南戏的出现。南宋初年，出现了具有很强的现实性和感染力的"戏文"，统称"南戏"。南宋戏文是元代杂剧的先驱，它的出现标志着中国古代戏曲艺术的成熟，为我国戏剧发展奠定了雄厚基础。[2]五是绘画的高峰。宋代是中国绘画史上的鼎盛时期，标志我国中古

---

[1] 王国维:《静庵文集续编·宋代之金石学》，载《王国维遗书》第5册，上海古籍出版社1983年版。

[2] 参见何忠礼、徐吉军《南宋史稿》，杭州大学出版社1999年版，第657页。

时期绘画高峰的出现。有研究者认为"吾国画法,至宋而始全"。[1]
宋代画家多达千人左右,以李唐、刘松年、马远、夏圭等人为代
表的南宋著名画家,他们的作品在画坛至今仍享有崇高地位。此
外,南宋的多位皇帝和后妃也都是绘画高手。南宋绘画题材多样,
山水、人物、花鸟画等并盛于世,尤以山水画最为突出,对后世
影响极大。南宋画家称西湖景色最奇者有十,这就是著名的"西
湖十景"的由来。宋代工艺美术造型、装饰与总体效果堪称中国
工艺史上的典范,为明清工艺美术争相效仿的对象。此外,南宋
的书法、雕塑、音乐、歌舞等艺术门类也都有长足的发展。

3. 南宋是古代中国文化教育的兴盛时期

宋代统治者大力倡导学校教育,将"崇经办学"作为立国之
本,使宋代的教育体制较之汉唐更加完备和发达。南宋官私学盛,
彻底打破了长期以来士族地主垄断教育的局面,使文化教育下移,
教育更加大众化,适应了平民百姓对文化教育的需求,推动了文
化大普及,提高了全社会的文化素质,促进了南宋社会文化事业
进步和发展。在科举考试推动下,南宋的中央官学、地方官学、
书院和私塾村校并存,各类学校都获得了蓬勃的发展。南宋各州
县普遍设立了公立学校,其规模、条件、办学水平,较之北宋有
了更大发展。由于理学家的竭力提倡和科举考试的需要,南宋地
方书院得到了大发展。宋代共有书院397所,其中南宋占310所。[2]
南宋私塾村校遍及全国各地,学校教育由城镇延伸到乡村,南宋
教育达到前所未有的普及程度。

4. 南宋是古代中国史学的繁荣时期

南宋以"尊重和提倡"的形式,鼓励知识分子重视历史,研
究历史,"思考历代治乱之迹"。陈寅恪先生指出:"中国史学莫

---

[1] 潘天寿:《中国绘画史》,上海人民美术出版社1983年版,第158页。
[2] 何忠礼:《论南宋定都杭州对当地经济文化的重大影响》,载《杭州研究》2007年第2期。

盛于宋。"[1]南宋史学家袁枢的《通鉴纪事本末》,创立了以重大历史事件为主体,分别立目,完整记载历史事件的纪事本末体;朱熹的《资治通鉴纲目》创立了纲目体;朱熹的《伊洛渊源录》则开启了记述学术宗派史的学案体之先河。南宋在历史上第一次提出了"经世致用"的修史思想。南宋史学家不仅重视当代史的研究,而且力主把历史与现实结合起来,从历史上寻找兴衰之源,以史培养爱国、有用的人才。这些都对后代的史学家有很大的启迪和教益。

四、在科技上,既要看到整个宋代在中国古代科技史上的地位,也要看到南宋对古代中国科学技术的杰出贡献

宋代统治集团对在科学技术上有重要发明及创造、创新之人给予物质和精神奖励,为宋代科技发展与进步注入了前所未有的强大动力。宋朝是当时世界上发明创造最多的国家,也是古代中国为世界科技发展贡献最大的时期。英国学者李约瑟说:"每当人们在中国的文献中查找一种具体的科技史料时,往往会发现它的焦点在宋代,不管在应用科学方面或纯粹科学方面都是如此。"[2]中国历史上的重要发明,一半以上都出现在宋朝。宋代的不少科技发明不仅在中国科技史上,而且在世界科技史上也号称第一。《梦溪笔谈》的作者沈括、活字版印刷术的发明者毕昇这两位钱塘(浙江杭州)人,都是中外公认的中国古代伟大科学巨匠。南宋的科技在北宋基础上进一步得到发展,其科技成就在很多方面居于世界领先地位。

---

[1] 陈寅恪:《陈垣〈明季滇黔佛教考〉序》《陈垣〈元西域人华化考〉序》,载《金明馆丛稿二编》,上海古籍出版社 1980 年版,第 238、240 页。
[2] [英]李约瑟:《李约瑟文集》,辽宁科技出版社 1986 年版,第 115 页。

1. 南宋对中国古代"三大发明"的贡献

活字印刷术、指南针与火药三大发明，在南宋时期获得进一步的完善和发展，并开始了大规模的实际应用。指南针在航海上的应用，始见于北宋末期，南宋时的指南针已从简单的指针，发展成为比较简易的罗盘针，并被应用于航海上，是一项具有世界意义的重大发明。李约瑟指出，指南针在航海中的应用，是"航海技艺方面的巨大改革"，"预示计量航海时代的来临"。中国古代火药和火药武器的大规模使用和推广也始自南宋。南宋出现的管形火器，是世界兵器史上十分重要的大事，近代的枪炮就是在这种原始的管形火器基础上发展起来的。此外，南宋还广泛使用威力巨大的火炮作战，充分反映了南宋火器制造技术的巨大进步。南宋开始推广使用活字印刷术，出现了目前世界上第一部活字印本。此外，南宋的造纸技术更为发达，生产规模大为扩展，品种繁多，质量之高，近代也多不及。

2. 南宋在农业技术理论上的重大突破

南宋陈旉所著《陈旉农书》是我国现存最早的有关南方农业生产技术与经营的农学著作。他是中国农学史上第一个提出土地利用规划技术的人。陈旉在《农书》中首先提出了土壤肥力论等多种土地的利用和改造之法，并对搞好农业经营管理提出了卓越的见解。稻麦两熟制、水旱轮作制、"耕耙耖"耕作制，在南宋境内都得到了较好的推广。植物谱录在南宋也大量涌现。《橘录》是我国最早的柑橘专著；《菌谱》是世界历史上最早的菌类专著；《全芳备祖》是世界最早的植物学辞典，比欧洲要早300多年；《梅谱》是我国最早的有关梅花的专著。

3. 南宋在制造技术上的高度成就

宋代冶金技术居世界最高水平，南宋对此做出了卓越贡献。在有色金属开采与冶炼方面，南宋发明了"冶银吹灰法"和"铜合金铁"冶炼法；在煤炭开发利用上，南宋开始使用焦煤炼铁（而欧洲人是在18世纪时才采用焦煤炼铁的），是我国冶金史上具有重大意义的里程碑。南宋是我国纺织技术高度发展时期，特别是蚕桑丝绸生产，已形成了一整套从栽桑到成衣的过程，生产工具丰富，为明清的丝绸生产技术奠定了基础。南宋的丝纺织品、织造和染色技术在前代的基础上达到了一个新水平。南宋瓷器无论在胎质、釉料，还是在制作技术上，都达到了新的高度。同时，南宋的造船、建筑、酿酒、地学、水利、天文历法、军器制造等方面技术水平，也都比过去有很大的进步。如现保存于杭州碑林的石刻《天文图》是迄今为止所能见到的最早的全天星图，绘于南宋绍定二年（1229）的石刻《平江图》，是我国现存最完整的城市规划图，至今仍完好地保存在苏州市博物馆。

4. 南宋在数学领域的巨大贡献

南宋数学不仅在中国数学史上，而且在世界数学史上取得了极为辉煌的成就。南宋杰出的数学家秦九韶撰写的《数书九章》提出的"正负开方术"，与现代求数学方程正根的方法基本一致，比西方早500多年。另一位杰出的数学家杨辉，编撰有《详解九章算法》《日用算法》《乘除通变本末》《田亩比类乘除捷法》《续古摘奇算法》（《乘除通变本末》《田亩比类乘除捷法》《续古摘奇算法》三者合称为《杨辉算法》）等十余种数学著作，收录了不少我国现已失传的数学著作中的算题和算法。杨辉对二阶等差级数求和的论述，使之成为继沈括之后世界上最早研究高阶等差级数的人。杨辉发明的"九归口诀"，不仅提高了运算速度和精确度，而且还对我国珠算的发明起到了重要作用。李约瑟把宋代称为"伟大的代数学家的时代"，认为"中国的代数学在宋代达到最高峰"。[1]

5. 南宋在医药领域的重要贡献

南宋是中国法医学正式形成的时期。宋慈的《洗冤集录》是

---

[1] 参见《中国科学技术史》第1卷第1册，科学出版社1975年版，第273、284、287、292页。

世界上第一部法医学专著，比西方早350余年。它不仅奠定了我国古代法医学的基础，而且被奉为我国古代"官司检验"的"金科玉律"，并对世界法医学产生了广泛影响。南宋是中国针灸医学的极盛时期。王执中的《针灸资生经》和闻人耆年《备急灸法》两书，皆集历代针灸学知识之大全，反映了当时针灸学的最高水平。南宋腧穴针灸铜人是针灸学上第一具教学、临床用的实物模型。陈自明著的《外科精要》一书对指导外科的临床应用具有重要意义。陈自明的《妇人大全良方》是著名的妇产科著作，直到明清时期仍被妇科医生奉为经典。朱瑞章的《卫生家宝产科方》，被称为"产科之荟萃，医家之指南"。无名氏的《小儿卫生总微论方》和刘昉的《幼幼新书》，汇集了宋以前在儿科学方面所取得的成就，是我国历史上较早的一部比较系统、全面的儿科学著作。许叔微的《普济本事方》是中国古代一部比较完备的方剂专书。

五、在社会上，不但要看到南宋一些富豪官绅生活奢华、挥霍淫乐的一面，更要看到南宋政府关注民生、注重民生保障的一面

南宋社会生活的奢侈之风，既是南宋官僚地主腐朽的集中反映，也是南宋经济文化空前繁荣的缩影。我们不但看到南宋一些富豪官绅纵情声色、恣意挥霍的社会现象，更要看到南宋政府倡导善举、关注民生、同情民苦的客观事实。[1]两宋社会保障制度，在中国古代救助史上占有重要地位，并为宋后社会保障制度的建立奠定了基础。有学者认为，中国古代真正意义上的社会保障事业是从两宋开始的。同时，两宋时期随着土地依附关系逐步解除和门阀制度崩溃，逐渐冲破了以前士族地主一统天下的局面。两宋社会结构开始调整重组，出现了各阶层之间经济地位升降更替、

---

[1] 邓小南：《宋代历史再认识》，载《河北学刊》2006年第5期。

社会等级界限松动的现象，各阶层的价值取向趋近，促进社会各阶层融合，平民化、世俗化、人文化趋势明显。两宋社会平民化，不仅体现在科举面向社会各个阶层，取士不受出身门第限制，而且体现在官民身份可以相互转化，可以由贵而贱，由贱而贵；贫富之间既可以由富而贫，也可以由贫而富。[1]

1. 南宋农民获得了更多的人身自由

两宋时期，租佃制普遍发展，这是古代专制社会中生产关系的一次重大调整。在租佃制下，地主招募客户耕种土地，客户只向地主缴纳地租，而不必承担其他义务。客户契约期满后有退佃起移的权利，且受到政府保护，人身依附关系大为减弱。按照宋朝的户籍制度，客户直接编入国家户籍，成为国家的正式编户，并承担国家某些赋役，而不再是地主的"私属"，因而获得了一定的人身自由。两宋农民在法律上可以自由迁徙，这是历史的一大进步。[2]南宋时期随着商品经济发展，农民获得了更多的自由，可以自由地离土离乡，转向城市从事手工业或商业活动。

2. 南宋商人社会地位得到了提高

宋前历朝一直奉行"重农轻商"政策，士、农、工、商，商人居"四民"之末，受到社会歧视。宋代商业已被视同农业，均为创造社会财富的源泉，"士、农、工、商，皆百姓之本业"[3]成为社会共识，使两宋商人的社会地位得到前所未有的提高。随着工商业的发展，在南宋手工业作坊中，工匠主和工匠之间形成了雇佣与被雇佣关系。南宋手工业作坊中的雇佣制度，代替了原来带有强制性的指派和差人应役招募制度，雇佣劳动与强制性的劳役比较，工匠的人身束缚大为松弛，新的经济关系推动了南宋手工业经济发展，又促进了资本主义生产关系萌芽。

[1] 郭学信：《宋代俗文化发展探源》，载《西北师范大学学报》2005年第3期。
[2] 郭学信、张素音：《宋代商品经济发展特征及原因析论》，载《聊城大学学报》2006年第5期。
[3] （宋）陈耆卿：《嘉定赤城志》卷三七《风土》，《宋元方志丛刊》本，中华书局1990年版。

3. 南宋市民阶层登上了历史舞台

"坊郭户"是城市中的非农业人口。随着工商业的日益发展，宋政府将"坊郭户"单独"列籍定等"。"坊郭户"作为法定户名在两宋时期出现，标志着城市"市民阶层"形成，市民阶层开始作为一个独立群体正式登上了历史舞台，成为不可忽视的社会力量。[1]南宋时期，还实行了募兵制，人们服役大多出于自愿，从而有效保障了城乡劳力稳定和社会安定，与唐代苛重的兵役相比，显然是一个进步。

4. 南宋社会保障制度更为完善

南宋的社会保障体系主要表现在：一是"荒政"制度。就是由政府无偿向灾民提供钱粮和衣物，或由政府将钱粮贷给灾民，或由政府将灾民暂时迁移到丰收区，或将粮食调拨到灾区，或动员富豪平价售粮，并在各州县较普遍地设置了"义仓"，以解决暂时的粮食短缺问题。同时，遇丰收之年，政府酌量提高谷价，大量收籴，以避免谷贱伤农；遇荒饥之年，政府低价将存粮大量粜出，以照顾灾民。二是"养恤"制度。在临安等城市中，南宋政府针对不同对象设立了不同的养恤机构。有赈济流落街头的老弱病残或贫穷潦倒乞丐的福田院，有收养孤寡等贫穷不能自存者的居养院，有收养并医治鳏寡孤独贫病不能自存之人的安济院，有收养社会弃子弃婴的慈幼局，等等。三是"义庄"制度。义庄主要由一些科举入仕的士大夫用其秩禄买田置办，义田一般出租，租金则用于赈养族人的生活。虽然义庄设置的最初动机在于为本宗族之私，但义庄的设置在一定范围保障了族人的经济生活，对两宋官方的社会保障起到了重要的辅助作用。南宋的社会保障政策与措施对倡导善举、缓和社会矛盾、维护社会稳定等发挥了积极作用。[2]

---

[1] 郭学信：《宋代俗文化发展探源》，载《西北师范大学学报》2005 年第 3 期。

[2] 参见杜伟《略述两宋社会保障制度》，载《沙洋师范高等专科学校学报》2004 年第 1 期；陈国灿《南宋江南城市的公共事业与社会保障》，载《学术月刊》2002 年第 6 期。

六、在历史地位上，既要看到南宋在当时国际国内的地位，又要看到南宋对后世中国和世界的影响

1. 南宋对东亚"儒学文化圈"和世界文明进程之影响

两宋的成就居于当时世界发展的顶峰，对周边国家和世界均产生了巨大影响。如南宋对东亚"儒学文化圈"的影响。南宋朱子学对东亚"儒学文化圈"各国文化产生了广泛而深刻的影响，至今仍然积淀在东亚各民族的文化心理中，对东亚现代化起着重要作用。在文化输入上，这些周边邻国对唐代文化主要是制度文化的模仿，而对两宋文化则侧重于精神文化的摄取，尤其是对南宋儒学、宗教、文学、艺术、政治制度的借鉴。南宋儒学文化传至东亚各国，与各国的学术思想和民族文化相融合，产生了朝鲜儒学、日本儒学、越南儒学等东亚儒学，形成了东亚"儒学文化圈"。这表明南宋儒学文化在东亚民族之间的文化交流和传播中，对高丽、日本、越南等国学术文化与东亚文明发展历史产生了重大影响，这可以说是东亚文明发展中的一大奇观。[1]同时，南宋儒学文化中的优秀成分和合理精神，在现代东亚社会的政治经济、思想文化、社会生活、家庭关系等方面仍然发挥重要影响和作用。如南宋儒学中的"信义""忠诚""中庸""和""义利并取"等价值观念，在现代东亚经济社会中的积极作用显而易见。

南宋对世界经济发展的影响。随着南宋海外贸易发展，与我国通商的海外国家与地区从宋前的20余个增至60个以上。海外贸易范围从宋前中南半岛和印尼群岛，扩大到西洋（今印度洋至红海）、波斯湾、地中海和东非海岸，使雄踞于太平洋西岸的南宋帝国与印度洋地区北岸的阿拉伯帝国一起，构成了当时世界贸易圈的两大轴心。海上"丝绸之路"取代了陆上"丝绸之路"，

---

[1] 葛金芳：《南宋：走向开放型市场的重大转折》，载《杭州研究》2007年第2期。

成为中外经济文化交流的主要通道。鉴于此，美籍学者马润潮把宋代视为"世界伟大海洋贸易史上的第一个时期"。同时，随着商品经济的发展，北宋出现了世界上最早的纸币——交子。至南宋时，纸币开始在全国普遍使用。有学者将纸币的产生与大规模流通称为"金融革命"。[1]纸币流通的意义远在金属铸币之上，表明我国在货币领域发展已走在世界前列。

两宋对世界文明进程的影响。宋代文化对世界文化的影响，主要表现在两宋的活字印刷术、火药、指南针的西传上。培根指出："这三种发明已经在世界范围内把事物的全部面貌和情况都改变了：第一种是在学术方面，第二种是在战事方面，第三种是在航行方面；由此产生了无数的变化，这种变化是如此巨大，以至没有一个帝国，没有一个教派，没有一个赫赫有名的人物，能比得上这三种机械发明。"[2]马克思的评价则更高："火药、指南针、印刷术——这是预告资产阶级到来的三大发明。火药把骑士阶层炸得粉碎，指南针打开了世界市场并建立了殖民地，而印刷术则变成了新教的工具和科学复兴的手段，变成对精神发展创造必要前提的强大杠杆。"[3]两宋"三大发明"对世界文明的决定性作用是毋庸赘言的。两宋科举考试制度也对法、美、英等西方国家选拔官吏的政治制度产生了直接作用和重要影响，被人誉为"中国的第五大发明"。

2. 南宋对中国古代与近代历史发展之影响

中外学者普遍认为："这时的文化直至20世纪初都是中国的典型文化。其中许多东西在以后的一千年中是中国最典型的东西，至少在唐代后期开始萌芽，而在宋代开始繁荣。"[4]

南宋促进了中国市民阶层的形成。随着商品经济的繁荣，两

---

[1] 参见张邦炜《瞻前顾后看宋代》，载《河北学刊》2006年第5期。

[2] ［英］培根：《新工具》，商务印书馆1984年版，第103页。

[3] ［德］马克思：《机械、自然力和科学应用》，人民出版社1978年版，第67页。

[4] ［美］费正清、赖肖尔：《中国：传统与变革》，江苏人民出版社1995年版，第118—119页。

宋时期不仅出现了一大批大、中、小商业城市与集镇，而且形成了杭州、开封、成都等全国著名商业大都市，第一次出现了城市平民阶层，呈现了中国古代社会前所未有的时代开放性。南宋市民阶层的出现，世俗文化与世俗经济的形成与繁荣，意味中国市民阶层已具雏形，开启了中国社会平民化进程。正由于两宋时期出现了欧洲近代前夜的一些特征，如大城市兴起、市民阶层形成、手工业发展、商业经济繁荣、对外贸易发达、流通纸币出现、文官制度成熟等现象，美国、日本学者普遍把宋代中国称为"近代初期"。[1]

南宋促成了中国经济重心南移。由于南宋商品经济空前发展，有些学者甚至断言，宋代已经产生了资本主义萌芽。西方有学者认为南宋已处在"经济革命时代"。随着宋室南下，南宋经济的发展与繁荣，使江南成为全国经济最为发达的地区。南宋时期，全国经济重心完成了由黄河流域向长江流域的历史性转移，我国经济形态自此逐渐从自然经济转向商品经济，从封闭经济走向开放经济，从内陆型经济转向海陆型经济。这是中国传统社会发展中具有路标性意义的重大转折。[2]如果没有明清的海禁和极端专制的封建统治，中国的近代化社会也许会更早地到来。

南宋推进了中华民族大融合。南宋时期，中国社会出现了第三次民族大融合。宋王朝虽然先后被同时代的女真、蒙古民族征服，但无论前金还是后蒙，在其思想文化上，都被南宋代表的先进文化折服，融入中华民族大家庭之中。10—13世纪，中原王朝与北方游牧民族时战时和、时分时合，使以农耕文化为载体的两宋文化迅速向北扩散播迁，女真、蒙古政权深受南宋代表的先进政治制度、社会经济和思想文化影响，表示出对南宋文化认同、追随、仿效与移植，自觉不自觉地接受了先进的南宋文化，使其

---

[1] 张晓准：《两宋文化转型的新诠释》，载《学海》2002年第4期。
[2] 参见葛金芳《南宋：走向开放型市场的重大转折》，载《杭州研究》2007年第2期。

从文字到思想、从典章制度到风俗习惯均呈现出汉化趋势。[1] 南宋文化改变了这些民族的文化构成，提高了它们的文化层位，加速了这些民族由落后走向进步的进程，从而在整体上提高了中国北部地区少数民族的文明程度。

南宋奠定了理学在封建正统思想中的主导地位。理学的形成与发展，是南宋文化对中国古代思想文化的重大贡献。南宋理宗朝时，理学被钦定为封建正统思想和官方哲学，确立了程朱理学的独尊地位，并一直垄断元、明、清三代的思想和学术领域长达700余年，其影响之深广，在古代中国没有其他思想可以与之匹敌。[2] 同时，两宋时期开创了中国古代儒、佛、道"三教合流"的文化格局。与汉武帝"罢黜百家、独尊儒术"不同，南宋在大兴儒学的前提下，加大了对佛、道两教的扶持，出现了"以佛修心，以道养生，以儒治世"的"三教合一"的格局。自宋后，古代中国社会基本延续了以儒学为主体，以佛、道为辅翼的文化格局。

两宋对中国后世王朝政权稳定的影响。两宋王朝虽然国土面积前不及汉唐，后不如元明清，却是中国封建史上立国时间最长的王朝之一。两宋王朝之所以在外患深重的威胁下保持长治局面，很大程度上取决于两宋精于内治，形成了一系列的中央集权制度和民族认同感，因此，自宋朝后，中华民族"大一统"思想深入人心，中国历史上再也没有出现过地方严重分裂割据的局面。

3. 南宋对杭州城市发展之影响

正是南宋经济、文化、社会各方面的高度发展，促成京城临安极度繁荣，成为12—13世纪最为繁华的世界大都会，也正是南宋带来民族文化大交流、生活方式大融合、思想观念大碰撞，形成了京城临安市民独特的生活观念、生活方式、性格特征、语言习惯。直到今天，杭州人独有的文化特质、社会习俗、生活理念，

---

[1] 参见虞云国《略论宋代文化的时代特点与历史地位》，《浙江社会科学》2006年第3期。
[2] 参见何忠礼《论南宋在中国历史上的地位和影响》，《杭州研究》2007年第2期。

都深深地烙上了南宋社会的历史印迹。

京城临安，一座巍峨壮丽的世界级"华贵之城"。南宋朝廷立临安为行都，使杭州的城市性质与等级发生了根本性的巨大变化。从州府上升为国都，这是杭州城市发展的里程碑，杭州由此进入历史上最辉煌的时期。南宋统治者对临安城建设倾注了大量心血，并倾全国之人力、物力、财力加以精心营造。经过南宋诸帝持续的扩建和改建，南宋皇城布满了金碧辉煌、巍峨壮丽的宫殿，足可与北宋的汴京城媲美。南宋对临安府大规模地改造和扩建的杰出代表便是御街。南宋都城临安,经过100多年的精心营建，已发展成为百万以上人口的大城市，成为当时亚洲各国经济文化的交流中心，城市规模已名列十二三世纪时世界的首位。当时的杭州被意大利著名旅行家马可·波罗称赞为"世界上最美丽华贵之天城"。而12世纪时，美洲和大洋洲尚未被殖民者发现，非洲处于自生自灭状态，欧洲现有主要国家尚未完全形成，罗马内部四分五裂，北欧海盗肆虐，基辅大公国（俄罗斯）刚刚形成。[1]到了南宋后期（即13世纪中叶）临安人口曾达到150万—160万人，此时，西方最大最繁华的城市威尼斯也只有10万人口，作为世界最著名的大都会伦敦、巴黎，直至14世纪的文艺复兴时期，其人口也不过4万—6万人。[2]仅从城市人口规模看，800年前的杭州就已遥遥领先于世界各大城市。

京城临安，一座繁荣繁华的"地上天宫"。临安是全国最大的手工业生产中心。南宋临安工商业发达，手工业门类齐、制作精、分工细、规模大、档次高，造船、陶瓷、纺织、印刷、造纸等行业都建有大规模的手工业作坊，并有"四百一十四行"之说。临安是全国商业最为繁华的城市。临安城内城外集市与商行遍布，天街两侧商铺林立，早市夜市通宵达旦；城北运河樯橹相接、昼

---

[1] 参见何亮亮《从"南海"一号看中华复兴》，载《文汇报》2008年1月6日。
[2] 参见何忠礼《论南宋在中国历史上的地位和影响》，载《杭州研究》2007年第2期。

夜不舍，城南钱江两岸各地商贾海舶云集、桅杆林立。临安是璀璨夺目的文化名城。京城内先后集聚了李清照、朱熹、尤袤、陆游、杨万里、范成大、辛弃疾、陈起等一批南宋著名的文化人。临安雕版印刷为全国之冠，杭刻书籍为我国宋版书之精华。城内设有全国最高的学府——太学，规模最为宏阔，与武学、宗学合称"三学"。临安的教育事业空前繁荣。城内文化娱乐业发达，瓦子数量、百戏名目、艺人人数、娱乐项目和场所设施等方面，也都是其他城市无法比拟的。临安不但是全国政治中心，也是全国经济中心和文化中心。今日杭州之所以能成为"人间天堂"，成为全国历史文化名城，成为我国七大古都之一，很大程度上就是得益于南宋定都临安，得益于南宋经济文化的高度繁荣。

京城临安，一座南北荟萃、精致和谐的生活城市。北方人口的优势，使南下的中原文化全面渗透到本土的吴越文化之中，形成了临安独特的社会生活习俗，并影响至今。临安的社会是本地居民与外来人员和谐相处的社会，临安的文化是南北文化交融、中外文化交流的结晶，临安的生活是中原风俗与江南民俗相互融合的产物。总之，南宋临安是一座兼容并蓄、精致和谐的生活城市。其表现为：一是南北交融的语言。经过100多年流行，北方话逐渐融合到吴越方言之中，形成了南北交融的"南宋官话"。有学者指出："越中方言受了北方话的影响，明显地反映在今日带有'官话'色彩的杭州话里。"[1]二是南北荟萃的饮食。自南宋起，杭人饮食结构发生了变化，从以稻米为主，发展到米、面皆食。"南料北烹"美食佳肴，结合西湖文采，形成了具有鲜明特色的"杭帮菜系"，而成为中国古代菜肴一个新高峰。丰富美味的饮食，致使临安人形成追求美食美味的饮食之风。三是精致精美的物产。南宋时期，在临安无论建筑寺观，还是园林别墅、亭

---

[1] 参见徐吉军《论南宋定都杭州对当地经济文化的重大影响》，载《杭州研究》2007年第2期。

台楼阁和小桥流水，无不体现了江南的精细精致，更有陶瓷、丝绸、扇子、剪刀、雨伞等工艺产品，做工讲究、小巧精致。四是休闲安逸的生活。城市的繁华与西湖的秀美，使大多临安人沉醉于歌舞升平与湖山之乐中，在辛劳之后讲究吃喝玩乐、神聊闲谈、琴棋书画、花鸟鱼虫，体现了临安人求精致、讲安逸、会休闲的生活特点，也反映了临安市民注重生活与劳作结合的城市生活特色，反映了临安文化的生活化与世俗化，并融入今日杭州人的生活观念中。

4. 借鉴南宋"体恤民生"的某些仁义之举，努力将今天的杭州建设成为一个全民共享的"生活品质之城"

南宋社会关注民生、同情民苦的仁义之举，尤其是针对不同人群建立较为完备的社会保障体系，在构建社会主义和谐社会，建设覆盖城乡、全民共享的"生活品质之城"的今天，有着特别重要的现实意义。建设覆盖城乡、全民共享的"生活品质之城"，既是一项长期的历史任务，又是一个重大的现实课题。要使"发展为人民、发展靠人民、发展成果由人民共享、发展成效让人民检验"理念落到实处，就必须把老百姓的小事当作党委、政府的大事，以群众呼声为第一信号，以群众利益为第一追求，以群众满意为第一标准，树立起"亲民党委""民本政府"的良好形象。要始终坚持以人为本、以民为先的理念，既要关注城市居民，又要关注农村居民；既要关注本地居民，又要关注外来创业务工人员；既要关注全体市民生活品质的整体提高，更要特别关注困难群众、弱势群体、低收入阶层生活品质的明显改善。要始终关注老百姓的衣食住行、安危冷暖、生老病死，让老百姓能就业、有保障，行得便捷、住得宽畅，买得放心、用得舒心，办得了事、办得好事，拥有安全感、安居又乐业，让全体市民共创生活品质、共享品质生活。

5. 整合南宋"安逸闲适"的环境资源，推进杭州"东方休闲之都"和国际旅游休闲中心建设

　　杭州得天独厚的自然山水环境，经过南宋100多年来固江堤、疏西湖、治内河、凿新井、建宫城、造御街、设瓦子、引百戏等多方面的措施，形成都城左江（钱塘江）右湖（西湖）、内河（市区河道）外河（京杭运河）的格局，使杭州的生态环境、旅游环境、休闲环境大为改观，极大丰富了杭州的旅游资源。南宋不但为我们留下一块"南宋古都"的"金字招牌"，还留下了安逸闲适的休闲环境和休闲氛围。在"三面云山一面城"的独特环境里，集中了江、河、湖、溪与西湖群山，出现了大批观光游览景点，并形成著名的"西湖十景"。沿湖、沿河、沿街的茶肆酒楼，鳞次栉比、生意兴隆；官私酒楼、大小餐馆充满"南料北烹"的杭帮菜肴和各地名肴；大街小巷布满大小馆舍旅店，是外地游客与应考士子的休息场所。同时,临安娱乐活动丰富多彩,节庆活动繁多。独特的自然山水、休闲的环境氛围，使临安人注重生活环境、讲究生活质量、追求生活乐趣。不但皇亲国戚、达官贵人纵情山水、赏花品茗，过着高贵奢华的休闲生活，而且文人士大夫交结士朋、寄情适趣，热衷高雅脱俗的休闲生活；就是普通百姓也会带妻携子泛舟游湖，享受人伦亲情及山水之乐。

　　今天的杭州人懂生活、会休闲，讲究生活质量，追求生活品质，都可以从南宋临安人闲情逸致的生活态度中找到印迹。今天的杭州正在推进新城建设、老城更新、环境保护、街区改善等工程，都可以从南宋临安对左江右湖、内河外河的治理和皇城街坊、园林建筑的建设中得到有益的启示。杭州要打造"东方休闲之都"，共建共享"生活品质之城"，建设国际旅游休闲中心，就必须重振"南宋古都"品牌，充分挖掘南宋文化遗产，珍惜杭州为数不多的地上南宋遗迹。进一步实施好西湖、西溪、运河、市区河道综合保护工程；推进"南宋御街"——中山路有机更新，以展示杭州自南宋以来的传统商业文化；加强对南宋"八卦田"景区的保护与利用，以展示南宋皇帝"与民同耕"的怀古场景；加强对南宋官窑遗址的保护与利用，以展示南宋杭州物产的精致与精美；

加强对南宋皇城遗址和太庙遗址的保护与利用，以展示昔日南宋京城的繁荣与辉煌。进入21世纪的杭州，不但要保护利用好南宋留下的"三面云山一面城"的"西湖时代"，更要以"大气开放"的宏大气魄，努力建设好"一主三副六组团六条生态带"的大都市空间格局，形成"一江春水穿城过"的"钱塘江时代"，实现具有千年古都神韵的文化名城与具有大都市风采的现代化新城同城辉映。

前　言

　　1138年，宋高宗正式下诏定都临安，杭州成为南宋名正言顺的国都。此后近150年，南宋倾全国之人力、物力、财力精心营造，临安城经济文化各方面高度发展，人口达百万之众，是南宋的政治、经济、文化中心。经过南宋诸帝不断的扩建和改建，皇城宫殿金碧辉煌、巍峨壮丽，临安城内外集市与商行遍布、市井繁华，后来被意大利旅行家马可·波罗称为"世界上最繁华、最有钱的城市"，是"世界上最美丽华贵之天城"。南宋为今天的杭州留下了极为丰厚的历史文化遗产。虽然高楼大厦取代了南宋的城墙与宫殿，但今天通过杭州主城区的道路与水系仍能清晰辨认南宋临安的城市格局。西湖十景不仅是中国湖山园林景观的终极典范，更是后持续追忆与传承南宋文化的物质载体。而杭州城与西湖畔最慷慨激昂与浪漫动人的故事，无不源自南宋的历史与传说。只有回溯到南宋，才能真正理解杭州的内涵与魅力。

　　目前，研究南宋与杭州关系的研究专著已然不少，但从通俗性、普及化角度切入，还原历史现场，或者带入历史现场，见南宋都城之景、交南宋都城之人、历南宋都城之事，让普通读者来一场感受真切的南宋都城之旅，这仍然值得我们去挖掘。《南宋都城三部曲》就是这样来设计的，在打通古今的基础上，让历史与名城相得益彰。作为《南宋全书》之《南宋丛书》的子系列，

《南宋都城三部曲》同时也突出了《南宋丛书》为通俗读物的定位，努力做到有特色、有卖点、有市场，它从史事、人物与史迹三个不同的维度，全面展示南宋都城（今杭州）的历史文化遗产。《杭州城的南宋史》为"史事篇"，从杭州城的视角系统梳理南宋历史；《南宋人在杭州》为"人物篇"，追寻南宋名人在杭州的行动轨迹；《杭州寻宋》为"史迹篇"，讲述了杭州文物遗迹与湖山景观的前世今生。南宋朝廷立临安为行都，使杭州的城市性质与等级发生了根本性的巨大变化。从州府上升为国都，这是杭州城市发展的里程碑，杭州由此进入了历史上最辉煌的时期。正如杭州城市学研究理事会理事长王国平先生指出："正是南宋经济、文化、社会各方面的高度发展，促成京城临安极度繁荣，成为12—13世纪最为繁华的世界大都会，也正是南宋带来民族文化大交流、生活方式大融合思想观念大碰撞，形成了京城临安市民独特的生活观念生活方式、性格特征、语言习惯。直到今天，杭州人独有的文化特质、社会习俗、生活理念，都深深地烙上了南宋社会的历史印迹"（《南宋全书》总序）。

　　《南宋都城三部曲》的撰写，遵循王国平先生提出的"大宋史"编撰的理念，始终以唯物史观为指导，坚持以人民、以中华民族为中心的历史观点。比如《杭州城的南宋史》不仅叙述朝堂与宫廷的历史风云，更从杭州人民的视角展示历史的趋向，特别记述了高宗退居德寿宫、孝宗奉亲游览聚景园以及孝宗阅兵、班荆馆争夺国书等一系列轰动全城的事件，并以杭州凤凰寺的历史作为全书的末章，体现了大一统与民族融合是民心所向的观点。比如《南宋人在杭州》不仅讲述岳飞、张浚等主战派的故事，同样重点介绍主守派史浩在杭州的辉煌功业，深刻体现了矛盾论与实践论等唯物史观的理论方法。又比如《杭州寻宋》不仅梳理了南宋西湖景观化、意境化的历程，更强调明朝士大夫对宋代西湖的追忆与清朝帝王对西湖十景的再造与复制，通过西湖景观讲述了一部中华民族文化融合的大历史。总之，《南宋都城三部曲》

是在正确思想导向下对杭州南宋文化的一次总结。

让我们走进南宋都城杭州，感知南宋的历史风云。

吴铮强

2022 年 12 月

目　录

东南立国

都城文明

通往大都

引
子

自从秦始皇建立中央集权、君主专制的大一统王朝，只要是比较长久稳定的王朝，其历史记载无不是围绕皇帝与都城而展开。从地理空间的角度讲，中国古代的一部王朝史，恐怕有半部是都城史。南宋定都杭州，南宋的历史至少有一半要讲述发生在临安城内的大事件，可以说一部南宋史，半部是杭州史。所以从南宋都行在临安城的角度出发，不但可以将整部南宋史串联起来，而且还能将诸多历史事件落实到具体的空间结构中，由此甚至可能形成对历史的全新理解。

中央集权决定了一部王朝史有半部是都城史，君主专制又决定了一部都城史有半部是宫廷史。南宋有两个宫廷，一个是凤凰山下的大内，这里原来是杭州的州治，更早则是吴越国的王宫。宋高宗第一次逃亡来到杭州时就居住在凤凰山下，不料竟遭遇了一场兵变。这应该是一次极不愉快的经历，但他实在太想苟且偷安，若干年后不顾重臣的反对，放弃建康（今南京）而选择杭州作为南宋的都行在。另一个宫廷是望江路的德寿宫，这里是宋高宗与宋孝宗退位后以太上皇帝的身份所居的皇宫。

大内与德寿宫一南一北，俗称"南内"与"北内"，由于太上皇帝并没有退出政治舞台，所以南内与北内之间发生了太多纠缠不清的关系。最早北内还是秦桧的府第，那时高宗就忌惮秦桧。孝宗继位之前的府第就在秦桧府第的北面，秦桧不支持他继位，他也经常刺探秦桧的举动然后向高宗告状。高宗后来倦政，把皇位让给孝宗，自己搬到原来的秦桧宅，改称"德寿宫"。孝宗为了表现对高宗的孝道，精心装修了德寿宫的后花园，还经常带太上皇帝到西湖边游玩。西湖东南角有一个皇家园林聚景园，那次高宗玩得很尽兴，还从聚景园坐船到断桥，碰到了做鱼羹的宋嫂。聚景园就是现在的柳浪闻莺公园。

高宗去世后不久，孝宗服了三年孝，然后他也退位住到北内，德寿宫又改称"重华宫"。他的儿子宋光宗身上发生了很多悲剧。祭天的前夜宋光宗在郊坛过夜，南宋郊坛就是现在的八卦田。趁光宗不在宫内，李皇后杀死了光宗宠爱的黄贵妃，结果把光宗吓出了精神病，然后精神病的光宗又与父亲孝宗彻底闹翻，甚至拒绝主持孝宗的丧礼。结果光宗的儿子宁宗来到重华宫代行丧仪，并在他的曾祖母、住在重华宫隔壁的太皇太后吴氏的主持下直接继承了皇位。

北内与南内父子之间的恩怨情仇到此就告一个段落，太皇太后吴氏去世后，韩侂胄、史弥远、贾似道三位权臣相当程度上控制了朝政，都行在的权力中心也由皇宫扩散到三位权臣的府第中。韩侂胄府第在南宋太庙边上（今中山南路太庙巷），但在史弥远的设计下，韩侂胄最后在玉皇山南麓的玉津园被击杀。史弥远当权后，临安城内一场大火烧尽了中央官署，但史弥远的府第在大火蔓延下独自幸存下来。贾似道则占据了今天北山路正对孤山的葛岭一带大造别墅园林，他在那里批阅朝廷的奏章，简直是在西湖对岸的凤凰山大内之外另立中央。贾似道最后死在被贬的途中，这时南宋已经差不多灭亡。除了西湖三边的群山，杭州在北边还有一座皋亭山（半山），自北而来的元朝大军兵临城下时就驻扎在这里。这时南宋的军队与臣僚差不多已成鸟兽散，只有文天祥来到这里向元军抗辩然后被捕。在元朝的统治下，南宋皇宫逐渐圮毁，只有曾在南宋进入绘画与诗词的西湖十景至今仍然是杭州最丰厚的旅游资源。

南宋有一条御街，差不多是今天中山南路、中山中路及凤起路的西段。在中山南路、河坊街稍东，就是北内德寿宫。走到凤起路西端的尽头，差不多是南宋供奉先帝神御的景灵宫的位置。从凤起路稍往南至庆春路，再出庆春路西端至湖滨便是南宋的钱塘门，这里是岳飞遇害的风波亭的位置。然后出钱塘门至北山路，就路过了贾似道的后乐园、岳飞墓。贾似道后乐园对面就是孤山，那时孤山上是两座皇家道观。从孤山断桥坐船到清波门，清波门外就是皇家园林聚景园，这个行程既属于许仙与白娘子，也属于宋高宗与宋孝宗。从清波门回大内，有万松岭与玉皇山两条路，如果走玉皇山路、南复路、复兴路从丽正门进入大内，就可以经过南宋的郊坛与玉津园。走完这条路线，差不多就是用双脚探索了南宋临安城主要的政治空间结构。

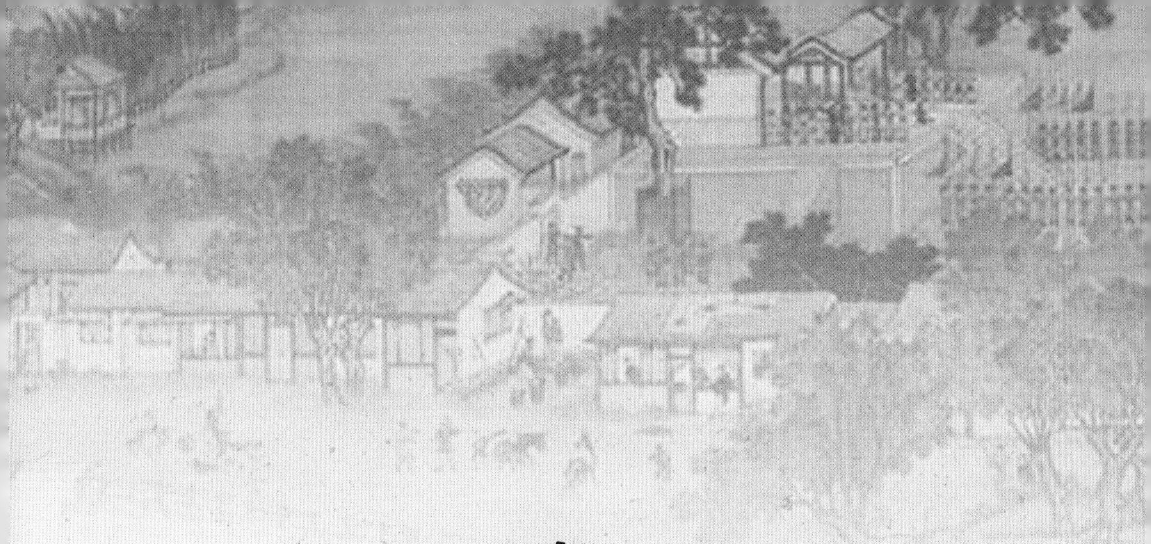

中兴之都

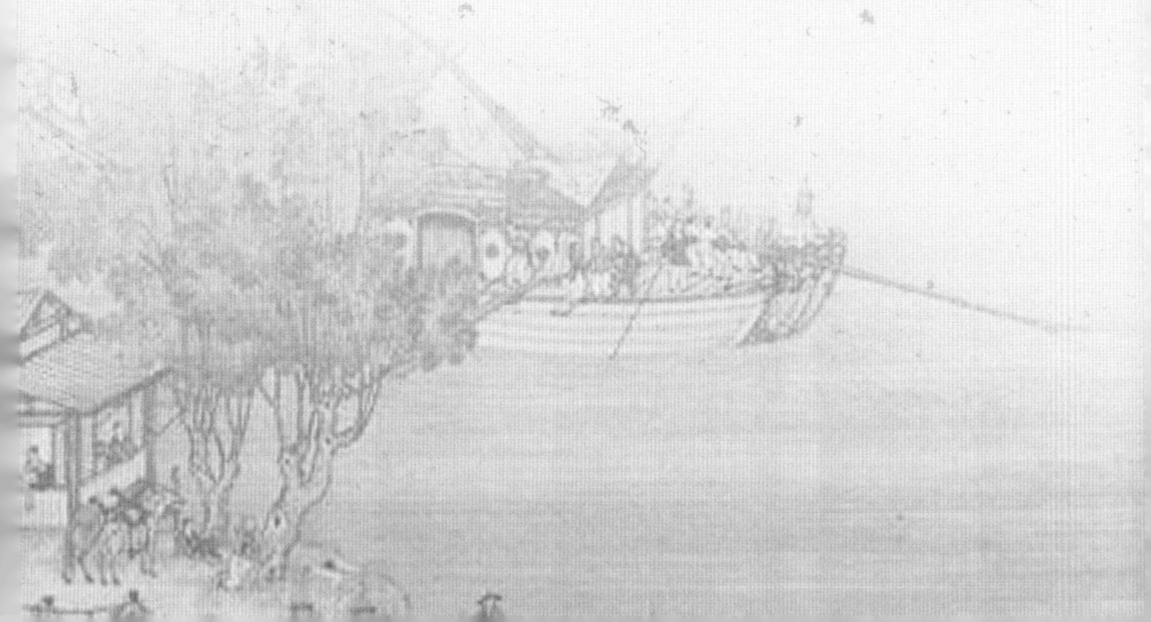

驻跸杭州

靖康二年（1127）五月初一，宋徽宗赵佶的第九个儿子赵构在南京应天府（今河南商丘）即皇帝位，是为宋高宗。后来赵构把宋朝都城迁至临安（今浙江杭州），史称南宋，宋朝建都于开封时期则称北宋。建炎二年（1128）七月金人得知宗泽去世的消息，大举南侵。赵构任命杜充继任东京留守，杜充一反宗泽团结义军抵抗金军的措施，对河北义军采取敌视态度，义军被逐个击破，官军分崩

宋高宗像

离析，河北、京东等各地州军陆续陷入敌手。建炎四年（1130）二月，开封失守。赵构在金军的追击下仓皇南逃，直到绍兴二年（1132）将朝廷迁至杭州。

钱塘自古繁华

"东南形胜，三吴都会，钱塘自古繁华。"自吴越国、北宋以来，杭州始终是中国最繁华的城市之一。进入南宋，杭州更跃升而变为帝国的政治文化中心，时间持续一百五十年之久。

杭州的历史可以追溯到先秦。秦王政二十五年（前222），秦灭楚，于今杭州地置钱唐、余杭两县，属会稽郡。隋文帝在开皇九年（589）灭陈后，废钱唐郡，并桐庐、新城入钱唐县，割吴郡盐官（今海宁）、吴兴郡余杭，及富阳、於潜共5县置杭州，杭州之名始出。后梁龙德三年（923），钱镠被封为吴越国王，建都杭州。北宋太平兴国三年（978），吴越王钱俶纳土归宋，杭州复降为州。北宋至道三年（997），太宗设路、州、县三级，分全国为15路，杭州属两浙路，为路治所在，拥有钱塘、仁和、余杭、富阳（富春县复名）、於潜、新城（新登县复名）、盐官、临安（安国县复名）、昌化（吴昌县改名）9县。

北宋时稻作种植与财赋重心南移。明人丘濬就讲东南是全国财富的汇聚之地（渊薮），自唐宋以来国家财政就完全仰赖东南之地。杭州位居两浙之地，凭借发达的运河水路系统，东达太湖，北连淮泗，南接长江，并远通至成都、广州，发展前景自然空前兴盛。然而，至晚唐时，杭州的繁雄还不及姑苏（今苏州）、会稽（今绍兴）。经过吴越国时期钱氏的勤恳经营与宋初的和平移交，才使得这座未受破坏的都城逐渐成为东南的中心。宋初的《太平寰宇记》中说，昇州（今南京）有六万一千六百七十九户，苏州有三万五千一百九十五户，而杭州则有七万四百五十七户。《宋会要·食货篇》也记录说，杭州商税旧税为十二万三百零三贯，熙宁十年（1077）则为十七万三千八百一十三贯，位居全国第一。学者因而提出"杭越易位"之说，认为杭州在吴越国之后取代越州（绍兴）成为浙江的政治文化中心。不过直至北宋，杭州仍没有表现出成为帝都的迹象。

元符三年（1100），年仅25岁的宋哲宗病逝，被认为性格"轻佻"的端王赵佶也就是宋徽宗继位。宋徽宗非常自负，醉心于文化艺术活动。为修筑园林，宋徽宗在苏杭之地设立造作局，搜罗奇花异木、百样珍玩运往京师。宋时将十船一队的运送单位叫作纲，时人因而称其为"花石纲"。因奸臣污吏极尽剥刻，不惜破人家户，拆桥毁道，两浙之地民力重困，人心思变。宣和二年（1120），方腊起事，东南民众苦于侵渔，纷纷响应方腊，数日之内方腊就汇聚起一支十万余人的民军，连续攻陷数十处州县，控制近百万的人口，一时震惊了全国。十二月，杭州被方腊军占领。

宣和三年（1121）五月，宋廷剿灭方腊。这场两宋历史上规模最大的农民起义波及两浙全境，以及皖南、苏南和江西东北部的大部地区，东南之地的太平景象由此遭到破坏。为平内乱，本应奔赴海上之盟的童贯及其大军被抽调南下，又因金军已径自攻打辽国而匆忙北征，竟在残破的辽师面前节节败退，让自身的虚弱在后起之秀金国面前暴露无遗，后者由是兴起图宋之念。宣和七年（1125）十月，金太宗下诏伐宋，打算兵分两路，会师开封。

徽宗曾下过"不准妄言边事"的御笔，因此长期对金兵南侵的消息一无所

宋徽宗像

11

知。直至燕京被破、太原被围，汴梁眼看在劫难逃，才意识到事况严重，遂大为惊怖，下罪己诏废花石纲、应奉局等弊政，又传位给嫡长子赵桓，以免沦为亡国之君。赵桓即宋钦宗，继位后改元靖康。宋钦宗也是十足的恐金症患者，在汴梁城池内主战派终占上风，外有勤王之师云集响应，金军不得不退兵的优势条件下，仍屈意退让，并在开封四十天之围解后贬斥了李纲、种师道等人。同时，本已南逃镇江的徽宗又跑回京来，意欲重掌大权。这对父子皇帝在勾心斗角中错失了最后的战备之机。当年八月金军再度南下，兵围汴京，终致城陷。十二月二日，钦宗在青城斋宫向金军二帅献表投降，北宋自此而亡。

靖康二年（1127）四月一日，汴京城外车队辚辚，战马萧萧。金军押着他们的俘虏启程北撤，人员包括徽宗、钦宗父子和他们所有的妃嫔，几乎全部的宗室、外戚、京臣，以及汴京城中的工匠伎乐等各色百姓，共计约十余万人。和这支浩浩荡荡队伍同行的，还有一千万锭金子、二千万锭银子、一千万匹布帛、一万匹马，以及难以计数的册簿、车驾、冠服、仪祭、文玩和书籍。出发前，金军还特地一把火烧掉了开封，不过这座城池其实早就在之前的围困与搜刮中残破不堪，人饥相食。在这场被称作靖康之难的惨剧过后，《东京梦华录》中所追思的汴梁风流荡然无存，北方大地亦惨遭屠戮。

宋之江山风雨飘摇，便只有寄希望于尚存元气的南方了。恰好靖康之难中有一位徽宗皇子成为漏网之鱼。

泥马渡康王

绍兴十九年（1149），杭州包家山，也就是今天八卦田一带，宋高宗下令修建观宇，供奉磁州崔府君——一位名为崔子玉的神灵（该神的历史原型至今尚存争议）。因崔府君曾被宋徽宗加封为护国显应昭惠王，这座道观便名为显应观。南宋的开国之君赵构为什么要供奉这尊在今日已寂寞无名的神仙呢？这就与泥马渡康王的传说相关。

靖康元年（1126），康王赵构还是宋徽宗平平无奇的九皇子。宋钦宗向金军求和时答应遣送皇子作为人质，因为不受父兄重视，赵构就在汴京第一次被围之日，与宰相张邦昌一起被送往金营为质。金人退兵后，赵构回到汴京。但随着金人再度南侵，赵构又被打发前往河北的金将斡离不大营求和，刑部尚书王云作为副使同行。待他们一路车马颠簸地终于来到磁州（今河北邯郸）

萧照《瑞应图》（现藏上海龙美术馆）局部，图一表现赵构在磁州拜谒崔府君庙，图二表现赵构在磁州渡黄河，图三表现赵构受命为兵马大元帅。

时，被钦宗贬至此地的抗金名将宗泽对赵构说道：您的哥哥肃王赵枢已经一去不复返了，金人的大军也已经逼近，您再去那里还有什么用，不如留在磁州观察一下形势再决定如何行动（谋后而定）！据说宗泽还陪赵构到城北的崔府君庙拜谒，现场民众像群山一样包围起来，纷纷呼号康王不要北上。赵构进庙后得签"吉"卦，而庙祝又把寺中崔府君的车马抬出，请康王乘归馆舍。在一片混乱中，力主北上的王云被杀，赵构见情势危急，便不再北上，而是往南回到了相州（今河南安阳）。适时金军第二次会师汴京，着手攻城。钦宗在惶恐之下，忙命人手持蜡书赶赴相州，命赵构做天下兵马大元帅，与河北军队一起支援京城。赵构没有照办，而只是命宗泽打着大元帅赵构的旗号，率数千军队南下开德府（今河南濮阳），向开封进军以吸引金军，自己则率大队兵马撤到东平府（今山东东平）、济州（今山东菏泽）。

不久，赵构在济州意外收到张邦昌送来的传国玉玺。原来，汴京在那封蜡书发出后便很快陷落，他的父兄悉数被俘北上，金人强扶张邦昌为帝。张邦昌不敢受命，便自行退位，迎因祸得福逃过一劫的哲宗废后孟氏入宫为元祐皇后。此时徽宗诸子中，只有赵构独存，遂成为继承帝位的不二人选。假使赵构没因磁州之事折返相州，他便绝无登基的可能，这一经过因而被渲染成康王乃天命所归的神迹之一，有人传言称当时即有"神马拥舆"。甚至还有人附会说后来赵构南渡无舟，有一神人驾白马载他，那神人便是崔府君，而白马系庙中泥马。这些版本各异的故事汇总起来，就成了"泥马渡康王"的传说。

靖康二年（1127）五月一日，赵构在南京应天府（今河南商丘）登基称帝，改元建炎，是为高宗。张邦昌被贬官赐死，哲宗废后孟氏被尊为皇太后。这时天下局势还远没到糜烂的地步，李纲谏言说，自古以来中兴之主，只有以西北为根据地才能收复中原，"足以据中原而有东南"，如果以东南为根据地则只能偏安一隅，"不能以复中原而有西北"。于是李纲请高宗往南阳抗金，宗泽则请

镇江宗泽墓

高宗留守开封,本质上都是要坚守中原。然而高宗只想保住自己的皇位,一心想"巡幸东南"偏安一隅,以免重蹈他父兄被掳走的覆辙,因此并没有还都北上与金抗衡的意向。在贬斥李纲、杀死陈东与欧阳澈等人后,赵构移驾扬州,并以此地为行在,日日寻欢作乐。时已任开封府尹兼东京留守的宗泽连上二十四封《乞回銮疏》请高宗还京抗金,结果不了了之,最后郁愤成疾,吟诵"出师未捷身先死,长使英雄泪满襟"之后,三呼"过河"而亡。

金人并不允许赵宋政权继续存在,因此再次出兵追捕赵构。宗泽去世后,北方形势陡然恶化,义军离溃,金人再入开封,并直扑扬州而来。建炎三年(1129)二月三日上午,高宗忽然听见金兵已犯天水,吓得直接骑马出逃,只有都统王渊、内侍康履几人勉强跟上。此刻宰执黄潜善与汪伯彦还在吃饭,他们一听堂吏报告说天子动身,也连忙"鞭马而走"。城中百姓还不明所以,市集如常,还指着说"官家去也",直到看到宫人零零散散地从大内出逃,才知皇帝在没有知会任何人的情况下独自跑了,再一看，宰相也跟着跑了。于是全城哗然，军民争诸门而出，死者不可计数。次日金军抵达扬州，次日又追及瓜洲渡口，宋朝十数万军民或坠江而死，或为金兵所杀。而这时高宗已经顺着积满珠宝、尸骨与冤魂的运河南下抵达杭州。

这是赵构与杭州的初会。高宗抵达杭州后，就建起了那座纪念"泥马渡康王"传说、象征着高宗天命所归的显应观。后来秦桧出迎北使，从玉津园路过看见显应观，便问供奉何神。高宗告知后，秦桧说与金议和中需要承认高宗的地位是金朝所赐，现在纪念崔府君的话，等于宣扬高宗的天命是崔府君所赐，这样金朝知道了恐怕会不太高兴，不利于议和，"虏以为功，今却归功于神，恐虏使见之不便"。据说宋廷当日便下令拆掉了包家山的显应观，直到绍兴和议后的绍兴二十四年（1154），才在西湖边上割灵芝寺（今天柳浪闻莺景区钱王祠）之半建了一座新的显应观。虽然这段由朱熹记录的逸闻有夸大"秦桧倚虏势胁太上"之嫌，但也反证了赵构天命的卑微，不是来自地方俗神，便是来自不共戴天的仇敌金朝。

凤凰山兵变

高宗抛弃臣民，孤身逃命的行为，似乎埋下了祸根，很快就有了报应。

建炎三年（1129）二月三日，高宗当天刚从扬州脱身，是夜便宿在镇江府治，并召集众人，再一次商议驻跸之地。群臣都建议高宗留于此地，以便为江北声援，只有王渊反对，提出钱塘（杭州）有重江之阻，可防金人南渡。高宗接受了王渊的意见，十三日便抵达杭州，先以凤凰山下原州治为行宫，显宁寺（在今中山南路六部桥一带）为尚书省。当地执政叶梦得还劝谏道此处屋舍不多，六宫狭窄，而且春夏之交，多雨蒸润，难比汴京。高宗却回应说，自己虽觉得湿，但并不觉得窄，况且自过江以来百官六

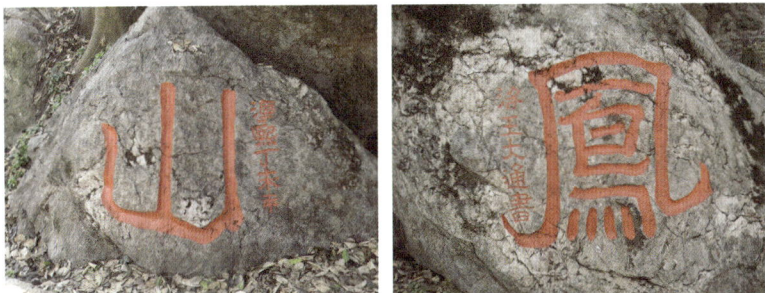

凤凰山南宋"凤山"题刻

军皆失所，自己怎么能独求安逸呢？

　　高宗自己虽这么说，却未想过要约束一下手下的人。跟随他的宦官们来到杭州后依旧无法无天，作威作福。他们为见识天下闻名的钱塘江大潮，接二连三扎起来的观景帐篷竟赫然堵住了道路，更别提平日里那些"徒夺民居，肆为横暴"的行径了。另一方面，高宗这时特别信任一心为他安全着想、提议移驻杭州的御营司都统制王渊，而王渊于三月三日自平江（今苏州）来杭，家产竟装了十数艘大船，浩浩荡荡地横贯江面。杭州民众看见了，便交头接耳地说：嘿！那里面都是他当年平定陈通之乱时杀夺富民所得来的啊！

　　杭州民众没有那么欢迎高宗，这时的杭州经历了方腊起兵与陈通之乱，其实相当破败。高宗登基之后曾命各路勤王军打道回府，当时杭州兵共三百和童贯残兵同返。他们一路上缺衣少食，早有怨言，又看见杭州富实，遂生歹心。建炎元年（1127）八月戊午朔，胜捷军校陈通起兵造反，当时在杭州负责军政事务的叶梦得甚至在这场事变中被擒。陈通等封锁城门，大肆劫掠，城中壮丁都须黥面才能出去。高宗所派的王渊、张俊之师到十二月才姗姗来迟，抵达杭州，围城攻坚，平定叛乱，将以陈通为首的一百八十人斩首示众。然而，杭州在这四个月的战火里早已一片荒芜，《清波杂志》的作者周辉就曾写道，自己祖父周原（周邦彦之父）在后洋街（今杭州庆春路众安桥、竹竿巷一带）的宅子便毁于该乱事。文人官宦尚且如此，况百姓哉！所以当王渊如此高调地再临杭州时，当地的百姓就难免重温那段惨痛回忆，加之高宗在扬州城的作态已被传于天下，军民怎能不心生寒意，满腹愤慨呢？

三月四日，即王渊抵杭的次日，高宗再次对王渊委以重任，这对王渊是皇恩浩荡，却给民意沸腾的杭州城浇上了一桶油。身为御营司都统制的王渊只知逃跑，酿成扬州之祸，如今不但不予追究，反予重任。这时御营司就有将士对王渊十分不满，有人说这个人害大家颠沛流离悲惨到了这种地步，怎么还敢为他加官晋爵呢，"汝辈使天下颠沛至此，犹敢尔耶"！这个人叫苗傅，接下来他与刘正彦、王世修等人发动了一场兵变，逼迫高宗退位。

建炎二年（1128），高宗仍在李纲等人的制约之下不能南逃，便命人护送隆祐太后孟氏及六宫、皇子先行南渡，此行就是由苗傅负责扈从保驾。十二月孟太后抵杭，苗傅率兵八千驻扎奉国寺（在杭州涌金门一带）。建炎三年（1129）二月初一高宗尚在扬州之时，得知金人攻下徐州等地，意识到事态不妙，便下令百姓从便避离，又命御营统制官刘正彦护送六宫、皇子抵杭。高宗亲抵杭州后，又调刘光世、张俊、韩世忠等诸将分守诸塞。因此这时的杭州城中其实只有苗、刘二人的军队，于是苗、刘二人开始策划兵变，以清君侧为名，又以利益相诱，拉拢同僚王世修、王钧甫、张逵等一同起事。

恰逢次日三月五乃神宗忌日，百官要在早晨行香祭祀，于是苗、刘命王世修埋伏在城北桥下。王渊退朝后从北桥经过，兵变士兵一拥而上，将其摔下马来，并向周围人嚷嚷说这人和宦官勾结谋反，王渊在错愕中被刘正彦亲手斩杀。王渊死后，苗、刘二人先是急派士兵围住康履家宅，四处追杀宦官，不少无须之人也被错杀。诛杀奸宦的告示贴满全城后，苗、刘等声势浩大地率兵前进到行宫北门，将王渊的头颅用竹竿高高挑起，以向宫内喊话。这时的行宫北门就是原来杭州州城的北门——双门，也即定都后临安皇城的北门——和宁门，在今天凤凰山脚与万松岭路的交叉口。朝廷早已风闻消息，宰相朱胜非出来交涉，诘问事由。苗傅等人坚持自己是"不负国家，为民除害"，朱胜非交涉无果，场面僵持。知杭州康允之意识到事态紧急，于是只好请高宗亲临。

时值正午，碧空澄澈，烈日高悬。在刀胄的碰撞间，汗珠滑过将士们的额前。他们眯眼望去，城头人群一阵骚动，一顶明晃晃的黄盖拨到前方。皇帝驾到，在场众人无不山呼而拜。高宗凭栏视下，作亲民态，呼叫将士，再次询问事由。苗傅则厉声回道："陛下只相信宦官，对将士们赏罚不公，军士有功者不赏，但只要跟宦官搞好关系便可以加官晋爵。现在的宰执大臣黄潜善、汪伯彦祸害国家到了这种地步，却没有被惩罚发配。御营司都统制王渊负有保护皇帝的职责，但只知道逃跑，遇到敌人根本不敢作战，这种人却因为结交宦官康履就当上了签书枢密院事。我从陛下即位以来，为扈从太后等屡建战功，却只当了一个遥郡团练使，这难道不是一个笑话吗？现在我已经将王渊斩首，在宫内的宦官也都被我诛杀了，现在我要求把康履、蓝珪、曾择这三个奸邪的宦官也杀了，拿他们向三军谢罪。"

苗傅的口气就是要清君侧。高宗无奈，只推脱说黄潜善、汪伯彦已被降职，内侍康履、曾择等人也会重加责罚，请苗傅等归营。但苗傅非常固执，回禀说天下生灵涂炭，全赖中官擅权，不杀履、择，誓不归营。高宗坚决不允，局面再次僵持。

太阳一点点偏斜，地面上的气氛一点点焦灼，四下无声，所有人都心惊肉跳，看着城门前的这场政治赌博。最后高宗手一挥，泄气了。于是此前将苗党引内入奏的中军统制吴湛便带人将康履押送阁门，转交楼下兵士。苗傅随即将康履当场腰斩，将其头颅割下高高挑起，与王渊相对而视。那一杆高竿振奋了城下人的士气，又狠狠地将楼上高宗的脸面踩在脚下蹂躏。但这时高宗不得不忍气吞声，当场为苗、刘等诸将加官晋爵，然后阴郁地问道：这样你们可以归营了吗？

但苗、刘并未罢休，接下来他们提出了更大的政治要求，请高宗退位！苗傅指着高宗喝道：陛下您得位不正，要是徽宗、钦宗二帝归来，您又将如何自处呢？并要求高宗将皇位禅让给三岁的小太子赵旉，并让隆祐太后孟氏垂帘听政。高宗不知所措，示意朱胜非提出应对方案。朱胜非劝说高宗先稳住苗傅再说，现在情急之下很难判断苗傅乱军会做出什么冲动的事情来，不如先忍辱负重应下苗傅的无理要求，等局势稳定后再想办法除掉叛贼。朱胜非还偷偷地跟高宗讲，苗傅等人的心腹王钧甫告诉他，"二将忠有余，而学不足"，意思是苗傅、刘正彦这两个人脑子一根筋，根本不懂政治，应对不了复杂的局面，讲白

在苗刘之变中垂帘听政的哲宗孟皇后

了就是很蠢，对自己没有当大官很不满意。所以只要稳住了这两人的情绪，满足一下他们的政治虚荣心，就有机会图谋后事。高宗虽然将信将疑，但事态紧急，只好接受了朱胜非的主意，下了一个罪己诏宣布让位于幼子，自己连夜移驾到万松岭东小山坡上的显忠寺去了。六日，太子赵旉继位，孟太后垂帘听政，高宗被尊为睿圣仁孝皇帝，显忠寺因而更名睿圣宫。孟太后说，现在大敌当前，你们让一个老妇人抱着一个三岁小孩主持朝政，这不是开玩笑吗？但苗、刘等不管不顾。十一日，苗、刘宣布改元明受，史称"明受之乱"。

德胜桥平叛

在睿圣宫，苗傅等仅指派了十五个内侍陪伴高宗起居。但高宗每次都能转危为安，这是继磁州、扬州后的第三次了。高宗能

够东山再起，正如王钧甫所说，即使有效地利用了军队与民众对高宗集团的不满，苗傅与刘正彦仍没有足够的政治资本与文化知识支持他们成功地策划一场兵变。苗、刘掌权后无所作为，而赵构是赵宋王朝唯一可能称帝的人选，靖康年间已经逃奔高宗的张俊、韩世忠、刘光世和吕颐浩等人闻讯后立即组织勤王军队向杭州进发。苗刘顿时乱了阵脚，最后稀里糊涂听从了朱胜非的话，跑到睿圣宫求高宗复位。四月戊申朔，太后还政，高宗还宫。近一月战战兢兢的日子突然结束了，高宗宣布不会追究苗傅、刘正彦的所作所为。于是苗傅等称赞高宗"圣天子度量"，并向高宗索要一块免死铁券，这时的高宗心里肯定会想此二将的确是忠有余而学不足。

兵变发生后，韩世忠一方面被苗傅等授予捧日天武四厢都指挥使等职，一面得到在平江府（今江苏苏州）的礼部侍郎张浚联络勤王的消息。韩世忠自盐城收集散卒数千人往平江与张浚相会，首语"我便去救官家"。不过韩世忠誓杀苗、刘二人的另一个重

凤凰山宋高宗"忠实"题刻（宋代文献并没有高宗御书"忠实"的记载，"忠实"两字与宋高宗书法风格迥异，或者认为"忠实"题刻是宋理宗御笔）

要原因显然是为"识世忠于微时，待之绝等"的王渊复仇。韩世忠请求赴行在杭州，竟获得苗傅同意。韩世忠自平江率三十里船队先抵秀州（今浙江嘉兴）营造武器，苗傅派人带走韩世忠妻梁氏及子为人质。右丞相朱胜非对苗傅说，可以让梁氏到秀州劝韩世忠归顺，竟获得苗傅同意，事后苗、刘对各路勤王军汇聚秀州感到恐慌。四月初赵构已经复辟，韩世忠发兵自临平进入杭州见到赵构，苗、刘等人皆遁走。赵构诏除韩世忠为武胜军节度使，韩世忠请求朝廷赐地厚葬王渊，不遗余力地照顾王渊家人，又请求由他继续追捕苗、刘等人。五月，韩世忠降苗傅、擒刘正彦，七月还至建康（今南京）亲斩苗、刘诸人于市。

韩世忠在苗刘之乱中表现突出，与对他有知遇之恩的王渊有关。韩世忠是陕西绥德（宋代绥德属延安府）人，32岁时随王禀从西北战场到东南平定方腊，其间与王渊相遇。据韩世忠神道碑称，两人在杭州北关的堰桥遭方腊军围攻，韩世忠在堰桥伏击，然后追至王渊舟前斩首数级，取得了战役的胜利。王渊赞叹韩世忠"真万人敌"，两人从此定交，韩世忠成为王渊的部下，堰桥从此被杭州人称为"得胜桥"。宋代的堰桥或"得胜桥"即今天京杭运河上的老德胜桥，连接着杭州长板巷与夹城巷两条小路。

另据民国《杭州府志》，韩世忠在此掩击的是苗刘叛军，而非方腊的军队。勤王大军继续向杭州疾行而来，先锋韩世忠见叛军用鹿角阻挡舟师，便高呼"今日便是报效国家之时，奋勇者赏，怯阵者杀"。于是全军便如饿虎般向苗刘之军扑来，并在北关堰桥大破苗刘之军，此地因而更名为德胜桥，谐音"得胜"，也因此今天杭州德胜桥的河岸上有韩世忠、梁氏的塑像以及纪念韩世忠的忠亭。

镇压叛军后，高宗登上了中和堂。中和堂本是吴越国王钱镠在宫中设立的检阅军兵武艺的场所，至和三年（1056）时任郡守的孙沔重修并更名中和堂。遥眺远方，绍兴稽山的黛影依稀可见，那曾是大禹会同四方诸侯的地方。俯瞰栏下，钱塘江水滚滚东流，

德胜桥

德胜桥韩世忠雕像

德胜桥忠亭

相传这是伍子胥白马素车正奔立潮头。念及自己从金兵锋锐下逃生，又在刚刚重获大位，高宗心中不由百感交集。他悠悠地吟道：六龙转淮海，万骑临吴津。王者本无外，驾言苏远民。瞻彼草木秀，感此疮痍新。登堂望稽山，怀哉夏禹勤。神功既盛大，后世蒙其仁。愿同越勾践，焦思先吾身。艰难务遵养，圣贤有屈伸。高风动君子，属意种蠡臣。

国事艰难，谁又能做我的文种和范蠡呢？然而此二人最后一个被赐自杀，一个泛游江海，这是连勾践都知道须杀了他们啊！如今贰臣见诛，焉知今来勤王的大将，明日不会变为新的叛佞呢？

苗刘之变即便在南宋初年纷繁复杂的历史中也不过是仓促的一段插曲，却深刻影响了此后历史的走向。高宗就此重新整合了他的政治集团，并愈加坚定了武将绝不可信任的意识，为他的立储问题埋下了深重的危机。

西溪且留下

虽然苗刘之变令高宗很不愉

23

快，但他对杭州的初始印象相当不错。当初扬州金兵压境，他先是惊惧纵马南逃，又是连着十余日舟车辛劳，心实悒郁。但随着船队驶来西溪，远有粟山石人岭峭拔凝立，形如人状，双髻耸然，近有短梅槎枒，水清丛幽，数百村家，炊烟袅袅，眼前为之一开，遂大喜之，宿住当地，流连至次日才不甘地继续启程，临走时还说"西溪且留下"。

事实上，高宗对此地的厚爱还不止于此。在他看来，北方的沦陷已成定局，那么新都城的寻找就成为当下的一件大事，而杭州明显颇有福气。当年宋太祖陈桥兵变黄袍加身，整军便从仁和门入。今他赵构来杭，听闻此地下辖诸县有名"仁和"者，岂不是当年京师大门的名字吗？于是很多人揣测说，高宗因此决定驻跸杭州。

高宗以原州治为行宫，此后皇宫大内的建设也基本延续此址。这固然出于不可更易的地理因素，但也造就了临安与长安、洛阳等都城的布局的根本不同。自唐朝时，杭州州治就设在凤凰山西侧，后来吴越钱王在此基础上修建王宫，"子城南曰通越门，北曰双门"。据宋人的考证，通越门的位置基本就是南宋大内南门

西溪湿地

和宁门外

丽正门，即今杭州宋城路附近。而双门也就是大内北门和宁门的位置，即今万松岭路与凤凰山脚路的交会处，现在这里有一间平房，墙上书写着"和宁门外"四个大字。

不过兴建大内皇宫还是之后的事情，高宗第一次驻跸杭州，宋金战争远没结束。当时绝大多数臣僚认为，钱塘地处偏僻的海隅，而且地狭人稠，不是定都的理想之地，历史上也从来没有中央王朝以杭州为都城的先例。定都杭州，等于是承认大宋已沦为一个地方政权，想要在这里号令四方、恢复中原几乎是不可能的。

有人提议襄阳，有人主张鄂州（今武昌），而更多的人推崇建康（今南京）。高宗难违众意，因而又在五月抵达建康。当然，这也有吸取苗刘之变的教训、表示志在抗金的用意。然而是年秋金兵南下，山雨欲来。高宗慌忙再议驻跸之地，诸臣意见不一，朝廷继续留在建康。不过金兵日益临近，形势愈发严峻，百官口风也渐渐松动。尚书考功员外郎楼炤便站在高宗一方说：当务之急是清醒地认识到"量力而行"这个成语的重要意义，理解兵法上"知己知彼"的重大原则，如果评估军力确定可以防住淮南这线，那当然可以淮南作为前线屏障，而将建康作为临时的都城，然后有计划有步骤地谋划恢复中原。但是如果意识到自己的军力不足以保住淮南一线，那就应该当机立断，立即退到江南，以长江为天险，选择江南的苏州至会稽一线的某个城市为都城，以培养国力为重点，恢复中原未必是当务之急。

高宗完全同意这番论断，很快升杭州为临安府，为杭州成为行在打下了基础。

金兵来势汹汹，不擒高宗誓不罢休，于是高宗迎来了一生中最漫长的千里大溃逃。建炎三年（1129）闰八月二十六日高宗离开建康往浙西逃亡，十月初八日重返杭州，七天后通过钱塘江逃往浙东。

传说这一次高宗逃亡至杭州时，曾只身一人翻墙西逃至杭州皋亭山（半山）西南坡，不慎落马，此时身边一个保驾的人都没有。山穷水尽之时，千钧一发之际，山上走来一个农家姑娘，身上背着大竹篓，正在扒松毛，这就是倪家闺女。倪姑娘看见一年轻人喊救命，顾不得细问，忙叫赵构躲在竹篓内，捧起松毛盖在竹篓上，跑到路口，拿起竹耙，耙得满天尘土，使金兵以为有宋兵救驾，不敢轻举妄动。高宗脱险，倪姑娘却被金兵杀害，时年15岁。虽然这只是一个传说，但杭州的皋亭山的确有半山娘娘庙，又称"撒沙夫人庙"，据称是高宗为了感谢倪姑娘护驾之功，敕封其为"撒沙护国显应半山娘娘"，立庙塑像。半山娘娘庙在明清时期屡有兴废，多次重建，现存庙宇则是1990年重建。

十七日高宗又从杭州逃往越州（今浙江绍兴）。十一月，建康沦陷，金人饮马长江，高宗则继续逃往明州（今浙江宁波），

半山娘娘庙

位于杭州市体育场路的金祝大厦

经定海县（今浙江镇海）下海逃至昌国县（今浙江定海）。十二月，金军在完颜宗弼（兀术）率领下兵围临安府，知府康允之弃城而走，钱塘县令朱跸、总领金胜、祝威等广集军民，设计诈敌，奋不顾身，直至战死，乡民为他们收尸并立祠于钱塘门外。这座祠庙在淳祐十年（1250）由宋理宗赐额"灵卫庙"，因为奉祀金胜、祝威而被杭人俗称为"金祝庙"，杭城至今仍有金祝北路、金祝大厦等地。

接着金军破定海、昌国，入海300余里追击赵构，途中遇风暴，被宋水军打败，退回明州。赵构返回温州江心屿，避居江心寺，数天后才登岸。金军因战线漫长，无力再战，一边撤军一边焚城掳掠，明州、临安、平江等均遭浩劫。这一次杭城遭遇了空前的浩劫，金军结集吴山，先是纵火烧城三天三夜，然后大肆劫掠而去，南宋后来颁布《赐临安府民兵抚恤敕书》就说，金军追击高宗进入杭州时曾遭到军民的激烈抵抗，很多金兵被掩杀，因此对杭城民众十分怨恨，所以撤军临行之时"焚烧屋宇，城郭一空"，残破的程度相比其他州郡更为惨烈，"被祸尤酷，实可痛恻"。

金军撤走后，高宗从温州上岸，三月离开温州前往台州，在四月回到越州，改元绍兴，暂立行在。但越州的条件还不如杭州，因而诸臣又纷纷请命另择行在。赵鼎支持建康，当时受命负责监造建康府，便以为尘埃落定。但另一边高宗命两浙转运副使徐康过和宦官杨公弼到杭州去整修行宫。受限于各方势力，以及对军事与经济平衡的考量，高宗相当长一段时间在建康与临安两头奔走。但随着朝廷老臣赵鼎、张浚等人的失势，兵权从韩世忠、刘光世、岳飞等人手中的收回，以及秦桧掌权、宋金和议，高宗终于能彻底贯彻自己的意志。绍兴八年（1138）正月，高宗下令停造建康行宫。二月，高宗重返临安，至此尘埃落定，杭州成为事实上的南宋首都。

战和之势

　　金朝原本想在消灭赵宋政权后，扶植傀儡政权统治汉族地区。但两次南侵俘赵构不获，金朝便于1130年册立刘豫为大齐皇帝，扶植了齐国傀儡政权作为金宋之间的屏障，以齐国对付南宋。绍兴四年（1134）春，赵构命岳飞自江州（今江西九江）向鄂州（今湖北武昌）出发，收复襄汉地区，又令韩世忠、刘光世支援岳飞。绍兴六年（1136）刘豫分三路再次南侵，被韩世忠、杨沂中击退。刘豫在宋齐战争中一败再败，随着主张建立傀儡政权的吴乞买与完颜粘罕相继去世，绍兴七年（1137）金朝废齐国。随着宋朝在宋金战争中渐有起色，赵构加紧向金求和，最终于绍兴十一年（1141）十一月与金朝达成议和条件，从而确定了南宋的国家疆域。绍兴和议之前，中兴四将已被削夺兵权，他们都在临安城中获赐宅第，其宅第所在日后就成为杭州城中最繁华的街市，分布在今天延安路、庆春路、河坊街一带。

临安赐第第一人

　　绍兴七年（1137），刘光世上表称疾，算是结束了这一段时

南宋《中兴四将图》

期以来朝中的纷纷扰扰。在过去的日子里，有人责备他拒守庐州，有人弹劾他沉湎酒色，这位最先为高宗所信重的中兴四将之一，也因而在焦头烂额中最先迎来了谢幕。

金人对待宋的态度是有很明显的阶段性转向的，在从盟友变为敌军、灭亡北宋后，金人的战略选择主要就是追杀赵构，以彻底地覆灭赵宋的帝祚。刘光世在这段时间登上了历史舞台。刘光世是武将刘延庆的次子，北宋时以荫补为三班奉职，并随父平定方腊，擢升耀州观察使。

宣和四年（1122），辽天祚帝逃入沙漠，燕京的耶律淳病死，辽行将灭亡，宋宰相王黼认为是伐辽时机，鼓动赵佶再攻燕京。金朝为得宋岁币，也约战燕京。九月，辽涿州守将郭药师率常胜军八千人以涿、易两州降宋，燕京也向宋奉表称臣。宋朝得意忘形，赵佶御笔改燕京为燕山府。童贯派刘延庆、郭药师率十万大军渡白沟伐燕，被辽军阻击。这时郭药师自荐率兵夜袭燕京，要

求刘延庆派其子刘光世接应。郭药师攻入燕京，遇到强烈抵抗，而刘光世没有接应，郭药师败退。辽军乘机佯攻，刘延庆闻风丧胆，仓皇南逃，宋军伐辽再次大败。

靖康元年（1126），刘光世已是威武、奉宁军承宣使和鄜延路马步军副总管。听闻汴京被围，刘光世从西北急驰勤王，进入开封前路遇溃兵得知京城已经沦陷。为避免军心大乱，刘光世便假称有蕃官到访，言徽、钦二帝已突围南去，后辗转来到济州，拜见康王赵构。刘光世因此被任命为五军都提举，成为赵构掌握的重要军事力量之一，扈从赵构也就成为刘光世接下来最主要的军事任务与晋升之道。

宋高宗即位后，刘光世任提举御营使司一行事务、行在都巡检使，陕西将官王德（王夜义）开始隶属刘光世部。八月，刘光世以讨平山东李昱之功，升领奉国军节度使，是南宋建立后第一个建节的将领。十月，宋高宗南逃，任命刘光世为滁州、和州（今和县）、濠州（今凤阳东北）、太平州（今当涂）、无为军（今无为）、江宁府界制置使，苗傅任都统制，先后击败张遇、李成。

建炎三年（1129）二月，金军500骑兵追击至天长，宋高宗渡江南逃，刘光世所部未遇金兵即溃退渡江，被任命为行在五军制置使，屯守镇江府，随后又升为殿前都指挥使，成为名存实亡的殿前司长官。三月，苗傅、刘正彦在杭州发动兵变。四月，刘光世参与平定苗、刘兵变，升为太尉、御营副使，所部即称御营副使军。后任江东宣抚使，守太平州、池州，移守江州。九月，金军自黄州渡江，刘光世率军南逃。建炎四年（1130）二月，河北流寇郦琼围攻固始县，降于刘光世后撤围南下。建炎四年六月，撤销御营使，刘光世所部无所隶属，因其阶官为太尉，号称"太尉兵"，大臣们认为欠妥，遂设御前巡卫军，以刘光世为都统制，兼任两浙路安抚使、知镇江府，又加开府仪同三司为使相。

金将挞懒（完颜昌）攻楚州，刘光世违诏不援，只派王德、郦琼率轻兵袭扰金军而已。次年六月，刘光世升领宁武军、宁国军两镇节度使。绍兴六年（1136）五月，以部将王师成击败伪齐军之功，加领保静军节度使，遂成为继韩世忠之后第二个领三镇节度的将领。六月，刘光世移屯庐州。十月，伪齐刘麟渡淮攻宋时，刘光世弃城南逃，在右相兼都督张浚的督迫之下，被迫回军，并派王德、郦琼等击败伪齐军于霍邱等地。藕塘之战杨沂中等大败伪齐军后，刘光世派王德率军随杨沂中追击伪齐军。

刘光世一贯畏惧金军，每逢奉诏移驻前线，大多不奉诏而设法退避，治军不严，不少流寇、叛军乐于投附为部属，使其军成为当时人数最多的军队之一。刘光世常虚报军额，多占军费，作战时又多不亲临前线而是坐守后方，以便必要时逃跑。大臣们对他深为不满，但宋高宗考虑到南宋政权基础还不稳固，刘光世所部仍是不得不依靠的军事力量之一，不仅设法满足其后勤军需的供应，还不断对刘光世加官晋爵，以防止其部属溃散后复为流寇或投奔伪齐。

绍兴六年（1136）十二月，右相兼都督张浚奏："刘光世骄惰不战，不可为大将，请罢之。"左相赵鼎则认为，刘光世"将家子，将率士卒多出其门下，若无故罢之，恐人心不可"。绍兴七年（1137）二月，宰相张浚再次上奏：刘光世"沉酣酒色，不恤国事，语以恢复，意气拂然，乞赐罢斥，以儆将帅"。四月，刘光世罢为少师、万寿观使，其部隶属都督府。刘光世兵权被削夺后，朝廷在临安城新庄桥赐第一等府第，于是刘光世成为南宋诸将中获赐宅第的第一人。新庄桥即后来的凤起桥，在今天凤起路与武林路路口一带。除了赐第，高宗还特赐刘光世3万贯的造宅钱，并命漕臣吴革于办督促建造刘光世宅府以便及早完工。

绍兴八年（1138）冬，宋金第一次议和。宋高宗以宋金议和，刘光世赐和众辅国功臣号，张俊亦赐功臣号，与已赐功臣号的韩

嘉里中心北（刘光世宅旧址）

世忠，成为南宋初期仅有的三个赐功臣号及领三镇节度使的将领，说明三人在当时地位的重要性。绍兴十年（1140），金朝违约南侵。五月，刘锜进行顺昌保卫战时，宋高宗又重新起用刘光世为三京招抚处置使以援刘锜，显然是对罢免刘光世兵权不当的一种抚慰，也可能想利用刘光世对伪齐灭亡后又投金的旧部产生某种影响。但刘光世在宋的旧部王德不愿归属，宋朝廷只能调拨李显忠、李贵、步谅等将领所属数千人归属刘光世，战斗力不强，未起多大作用。绍兴十一年（1141）四月，南宋朝廷收韩世忠、张俊、岳飞三大将兵权；六月，刘光世也再次被收兵权，罢为万寿观使、封杨国公。绍兴十二年（1142），刘光世死，终年54岁，谥武僖。

刘光世的宅第原来在新庄桥西。刘光世去世后，朝廷谋划修建景灵宫，于是刘光世家人在绍兴十三年（1143）将宅第献出以建景灵宫。当然朝廷很快另行赐地建宅，新宅位于木子巷、明庆寺南，即今延安路嘉里中心靠北的一块区域。

天日昭昭风波亭

绍兴八年（1138）二月，高宗自建康府返回临安府。这时宋金对峙形势又发生了重大变化，金朝内部贵族斗争剧烈，主和派占据上风，向南宋使臣王伦释放"和议"信号。和议正中高宗下怀，于是任命秦桧为宰相兼枢密使，专门负责与金和谈有关事宜。

高宗许金和议之事，在朝中引起了轩然大波。岳飞屡次上书奏请出师，高宗一味拒绝，更将岳家军禁锢于防区之内，不允许其轻举妄动。绍兴八年（1138）秋，岳飞收到朝廷枢密院发来的札子，令其赴行在议事。此前，朝廷诏令韩世忠、张俊、岳飞赴行在奏事，岳飞迟迟未动身。面对朝廷催逼，岳飞无法，只得于十二日从鄂州出发，经江州、池州前往杭州，一路上书请辞，但高宗均回以不允，并要求岳飞疾速赶往行在。面对皇帝，岳飞也只能委婉地表明自己的态度：金人不可信，和议也无法持久，相臣为国事筹谋不力，可能会令后世耻笑。韩世忠也坚持反对和谈，张俊则依附秦桧。

绍兴八年（1138）五月，金朝的使者乌陵思谋和石庆抵达杭州，他们最初极为跋扈，甚至要求南宋宰臣到其宾馆拜会，最终才与赵鼎、秦桧、王庶在都堂会谈，后被引入拜见高宗。和谈内容包括金国归还徽宗与郑皇后的灵柩，送还韦太后，和伪齐黄河以南、淮水以北的土地，南宋则向金称臣纳贡。十二月，金朝诏谕江南使张通古和明威将军萧哲再度来杭。但和议早已引发了临安城内并南宋全境空前的愤慨。首先，就头衔而言，"江南"是当年宋太祖称呼南唐的，这就事实上已经把南宋置于臣藩的行列，而"明威"就更不加掩饰地点明了此行的目的。其次，金使在这次就要求南宋全面地实践屈尊的礼节，如沿途的南宋官员要跪迎诏谕，就连高宗是时也要脱下龙袍，穿上臣子的服装拜受国书。

虽然高宗推脱说"若使百姓免于兵革之苦，得安其生，朕亦何爱一己之屈"，但大宋皇帝将要拜谒金使的屈辱还是引发了临安民众的愤怒，大街小巷被贴上诸如"秦相公是细作"这类的标语，更有人宣称要起事。于是百官紧急磋商一个还说得过去的办法。有人提议说不如叫金使出来时，在两旁摆上祖宗画像，这样即便高宗跪下，也可以说是在拜祖宗，有了台阶下。最后还是一个叫楼炤的给事中苦心引用经典"百官总己以听于冢宰"，叫秦桧代表高宗，以宰相的身份跪迎诏书方才了事。腊月二十八日，象征帝王之尊的玉饰之车停留在左仆射馆的门口，秦桧恭恭敬敬地请接诏书，安置在玉辂之中，并令其缓缓碾过街道，到权力的最中心去。玉辂前后理应有文武百官扈从，但那样实在太过屈辱，于是南宋朝廷便叫三省六部的小吏穿上紫红或绿色的服装，腰间系上金鱼银鱼，充当"官员"，亦步亦趋地簇拥着中间的玉辂。想来那排场不会小，纷杂鲜艳的颜色也会很威风，但在默默注视的人眼中，恐怕满是苍凉凄惶之气。

绍兴八年（1138）十一月，宋金和议达成，宋向金称臣纳贡，

表现绍兴和议之后宋高宗迎回韦太后及徽宗、郑皇后灵柩的宋佚名《迎銮图》（现藏上海博物馆）
局部

金则将陕西和黄河以南土地归宋，高宗生母韦氏得以带着徽宗、郑皇后两副棺椁回到临安。绍兴九年（1139）正月，朝廷宣布大赦天下，以庆贺和议成功。岳飞接到临安传来的赦书后，让幕僚起草了一份《谢讲和赦表》，其中有云"唾手燕云，复仇报国"，对朝廷加封的开府仪同三司官衔，岳飞再三辞让，在高宗"温言奖谕"下才不得已接受。

绍兴九年（1139）九、十月间，岳飞入朝临安。此前，岳飞曾委婉地劝诫高宗，金人不可信。果然在这次岳飞离开临安不久后，金朝内部发生动乱，主战派成功把持朝政，撕毁了宋金之间刚刚签署的和议。金军南下，攻势迅猛，南宋官员或逃或降，真正抵抗的人少之又少。危急关头，朝廷任命韩世忠、张俊和岳飞率兵抗击金军。然而，正当岳飞大败金军、形势一片大好时，高宗却又再次反悔。绍兴十年（1140）六月下旬，参议官李若虚向岳飞传达高宗旨意："兵不可轻动，宜班师。"七月，在岳飞率军进抵朱仙镇之时，秦桧上言，高宗连续下了十二道班师诏，措辞严峻，强令岳飞班师回朝。面对着山河破碎的北方故土和尔虞我诈的临安朝廷，岳飞非常失望，一再上书请辞归乡，不愿再处理军务。但是战事未平，高宗仍然不允。结果半年之后，岳飞就被召赴临安"杯酒释兵权"。

绍兴十一年（1141）四月，韩世忠、张俊、岳飞三大将召赴临安。这次临安之行，岳飞面对的分明是一场鸿门宴。高宗一面在西湖为三人举办盛宴，一面却听从秦桧建议，以韩世忠、张俊为枢密使，岳飞为枢密副使，明升暗降，解除他们的兵权。这年八月二十四日，三省同奉高宗圣旨："岳飞所居屋宇不足，令临安府应副添造。"今天杭州庆春路与延安路交界处，熙熙攘攘的嘉里中心旁有一座低矮的红楼（杭州城市建设陈列馆），这就是岳飞在临安城内获赐的宅第。

上交兵权却并未换得岳飞个人的平安，临安岳飞宅的历史非常短暂。

杭州城建陈列馆（南宋岳飞宅、太学遗址）

　　这时张俊污蔑岳飞主张放弃山阳（即楚州旧名），想要退兵
保守长江；万俟卨也上奏高宗，称岳飞现在志得意满，因此日益
颓唐轻慢。面对这等弹劾，岳飞心中愤懑难平：北面抗金之事在
高宗重压之下已无力回天，而如今，面见天子却要受此屈辱。终于，
岳飞上书高宗，请求罢免自己的枢密副使之职。绍兴十一年（1141）
八月，岳飞罢枢密副使。岳飞不愿再在临安面对朝廷，对如今的
他来说，临安是个伤心之所。但是，岳飞申请出外差遣的上书，
却被高宗拒绝了。无奈，岳飞只得告假，回到江州闲居。然而，
岳飞此次留居江州的时间也并不长。到了十月，朝廷先后逮捕了
岳飞部将张宪与岳飞长子岳云，又派人至江州拘捕岳飞至大理寺
狱中。

　　按例，宋代官员犯法，应由大理寺、开封府或临安府处理，
重大的才会下御史台狱，而这次岳飞受审的是诏狱，即专门查办

风波亭

岳王庙

岳飞墓

岳飞墓前秦桧与王氏跪像

岳王庙张宪像

张宪墓残碑

谋反罪名的大狱。皇帝既心意已决，纵使岳飞痛书"天日昭昭，天日昭昭"又能如何呢。绍兴十一年（1141）十二月二十九日，岳飞、岳云父子并张宪等一起被判斩刑。岳飞受审的南宋大理寺，可能是在今庆春路街西端众安桥南，所以这里附近有一条路称为岳王路，现在庆春路与岳王路口又建起了岳王公园，清代、民国时这里曾经也有岳飞墓与岳王庙，杭州人称为老岳庙。但另一种说法认为大理寺的监狱是在钱塘门内，岳飞遇害于大理寺狱的风波亭。据说岳飞被害后，狱卒隗顺偷偷背走了他的尸身，跑到九曲城的九曲丛祠埋下，假称是贾宜人坟。所谓九曲城，就是指钱塘门到余杭门一带的城墙。而九曲丛祠，应是指婺源五显神庙，位置在今杭州青少年宫北方。孝宗登基后岳飞沉冤得雪，这处坟地才被迁至栖霞岭南。嘉定十四年（1221），朝廷将紧邻岳飞墓的智果寺改作岳飞的功德寺，赐额"褒忠衍禅寺"，这就是今天岳庙的基础。

特特寻芳上翠微

飞来峰是韩世忠解官后时常去排解心中苦闷之处。岳飞死后的两个月零五天，即绍兴十二年（1142）三月五日，韩世忠到飞来峰的半腰处，灵隐寺南面建立一座石亭，取名翠微亭。因为岳飞曾写过一首叫作《登池州翠微亭》的诗，后人也猜测说，他这是在怀念自己的同行与战友：

> 经年尘土满征衣，特特寻芳上翠微。好水好山看不
> 足，马蹄催趁月明归。

并让儿子写下题记："绍兴十二年，清凉居士韩世忠，因过灵隐登揽形胜，得旧基，建新亭，榜名翠微，以为游息者之所，待好事者。三月五日，男彦直书。"现在的翠微亭是1927年重建，

飞来峰翠微亭

1959年翻新,东西长9.5米,南北长10.65米,高约5米,有额匾两块:一题"翠微亭",一题"峀存岳峙"。亭中有楹联"回钟岩漾融闻性,幽翠玄微印觉心""路转峰回藏古迹,亭空人往仰前贤""万壑松风和涧水,千年豪杰壮千秋""孤亭似旧时,登临壮士兴怀地;鹫岩标远胜,翻动平生万里心""飞鹫何来,佛国有缘留净土;骑驴且去,湖山无恙付斜阳"。

岳飞催马,甚至来不及去欣赏蹄旁的风景,就匆匆谢幕了。但韩世忠是个聪明人,这个"家贫无产业,嗜酒尚气,不可绳检"的泼韩五,在斩获了黄天荡、大仪镇大捷等滔天之功,享受了盛名与富贵之后,还依然保留着当年动物直觉般的识时本性。虽是坚定的主战抗金派,但韩世忠已经敏锐地察觉到:皇帝的心思已经改变了,他的目光开始久久地黏附在他们这些将领身上,而不

41

苏州韩世忠墓　　　　　　　　　　　苏州韩世忠神道碑亭

再留恋失去的远方。"世忠不以和议为然，由是为秦桧所抑……世忠再上章，力陈秦桧误国，词意剀切，桧由是深怨世忠。言者因奏其罪，上留章不出。世忠亦惧桧阴谋，乃力求闲退，遂有是命。"狡兔死，走狗烹，留中不发、言官弹劾只是山雨欲来前草尖上湿润的讯息，这条优秀的猎犬嗅到了危险。因此，韩世忠虽和岳飞一样，在绍兴十一年（1141）被召回后很快就被免去了枢密使的职责，仅得了一个醴泉观使的闲职，但他却相当的"自觉"，自此杜门谢客，绝口不谈兵事，昔日的老部下罕有能见到他一面的，反倒是闲杂人等更容易见到这位新晋福国公的身影：他常常骑着一头毛驴，腰间挎系上酒壶，吊儿郎当地叫一二童子跟随着，到西湖游兴祝乐。相比于官禄，恐怕他更愿意旁人唤他作"清凉居士"。韩世忠在杭州的宅第也不止一处。最初高宗赐第在清湖桥西，可能就是今天众安桥西南一带，但后来韩世忠见地处核心，将其献出建造左藏库。第二次选址新庄桥西，也就是刘光世豪宅的边上，后来高宗扩建景灵宫，韩世忠便再次献出，把府第搬到了不远处的前洋街，也就是今天小车桥一带。

然而，韩世忠却没有真的就此不问世事，和政治绝缘，在岳飞下狱，被收买的王俊出示《告首状》时，也正是他再次找上门去，叫秦桧只能含含糊糊地说出那一句："飞子云与张宪书虽不明，其事体莫须有？""相公"，韩世忠最后说道。他已经老了，现在已经到了知天命的年纪，虽说这个岁数对一个武将来说尚且还不算大，但"自古名将如美人，不许人间见白头"，这点齿序已经太长。昔日刘备哀叹说，"髀肉复生"，岂不是也可以用来说这个"今不复骑"的韩世忠吗？他无心用生命来挑战一次大宋的规矩，因此只有沉寂，沉寂到现在只有怒极的眼睛中还能流露出点昔日的风采："'莫须有'三字，何以服天下？"

高宗幸张府节次

绍兴二十一年（1151），临安清河坊空前热闹。原来是高宗临幸清河郡王张俊的府邸。张俊也同样在被召回后剥夺兵权，但和韩世忠不同的是，他比后者还要"识时务"——秦桧之所以能杀死岳飞，就有张俊的投靠。

张俊是成纪（今甘肃天水）人。建中靖国元年（1101）16岁的张俊为三阳（今天水西北）乡兵弓箭手，政和六年（1116）从军成为入品的最低的武官。徽宗末年张俊参与镇压京东、河北起义军。靖康元年（1126）曾抗击金兵于东明县城（今河南兰考北），五月从种师中进援被金军围攻的太原（今属山西），种师中兵败榆次（今属山西），张俊率所部数百人突围南逃。十二月，张俊随信德（今河北邢台）知府梁杨祖率3000兵马到大名投奔康王赵构，被任为元帅府后军统制。靖康二年（1127）正月，张俊率部镇压起义军李昱、张遇于任城（今山东济宁）。高宗即位后，张俊任御营前军统制，此后多次讨平叛军、起义军。建炎二年（1128）五月，镇压秀州（今浙江嘉兴）徐明，又升承宣使。建炎三年（1129）

张俊参与平定苗刘兵变，不久升领节度使，改任御前右军都统制。同时高宗逃亡海上时，张俊任浙东制置使扈从。金帅追至明州城下，自高桥镇攻西门，张俊部将刘宝以及杨沂中、田师中所部等抗击金军，金军战败。建炎四年（1130）正月金军再攻明州，张俊

岳庙的万俟卨、张俊跪像

与知州刘洪道在城楼上遣兵掩击，并在高桥再次抗击金军，但很快推脱以高宗令其扈从逃往台州（今临海），明州遂为金军占领。但因为护驾有功，高桥之战被列为"中兴十三处战功"之首，号称"中兴战功自明州一捷始"。建炎四年四月，张俊改任浙西、江东制置使以招收江浙地区的"群盗"，除刘光世、韩世忠两军外，其他诸将皆受张俊节度，使其成为当时最主要的将领。绍兴六年（1136）十月，伪齐发兵 30 万大举侵宋，受张俊节制的杨沂中军与伪齐主力刘猊激战于藕塘（今安徽定远东南），伪齐军战败，这是列入"中兴十三处战功"的"藕塘之战"。

绍兴八年（1138）和议被撕毁后，张俊也曾渡淮北上，但奸相秦桧令诸将退兵以便乞和，张俊首先退回淮南。绍兴十一年（1141）四月，以赏柘皋之功为名，张俊与韩世忠升枢密使、岳飞升枢密副使。张俊知道宋高宗、秦桧想收兵权，遂首请纳宣抚司兵权，宋高宗、秦桧乘势罢三宣抚司，也收韩世忠、岳飞兵权。此后张俊协助秦桧推行乞和政策，又与秦桧合谋制造岳飞谋反的冤狱。绍兴十二年（1142）十一月，张俊罢枢密使，封清河郡王，并特赐临安府治往西清河坊的繁华地段为张俊兴建豪宅。清河郡王府完工时，高宗还特地"就第赐宴"，并叫宫廷乐队为之"剪彩"，之后也亲自到访他家。满城能享有此等待遇的只有两个人，一个

坊名源于清河郡王府的杭州河坊街

是张俊，另一个是秦桧。皇帝屈尊临幸，场面之奢靡，仪仗之庞大，礼节之烦琐，还必将远远超出。周密《武林旧事》卷九《高宗幸张府节次略》专门记录这次盛事的排场，其中菜单就写了一千余字，后面还有秦桧及随行大臣、甚至轿夫行卒的食奉赏赐未算。张俊府就在今天河坊街的西端，"清河坊"的坊名就是因为张俊的爵位"清河郡王"而来。绍兴二十六年（1156）张俊去世，终年 69 岁，追封循王。庆元年间其曾孙张镃在王府东面修建家庙。嘉泰二年（1202）王府毁于火灾，仅剩一楼，而后重建，直至南宋灭亡都保存完好。

相比战场，张俊更擅长纵横商海，史书称他是"复善治生"。他在清河坊建造酒楼太平楼，赚得盆满钵满。南宋海上贸易发达，于是他就私造大船，据说巨舰"极其华丽，市美女能歌舞者、乐者百余人，广收绫锦奇玩、珍馐佳果及黄白之器，募紫衣吏轩昂闲雅、若书司客将者十数辈，卒徒百人"。张俊还以"大宋回易使"之名南下大洋，"逾岁而归，珠犀香药之外，且得骏马，获利几十倍"。高宗也知道张俊的行径，还曾敲打过他，教其"勿与民争利，勿兴土木之工"，张俊"悚息承命"。张俊惶恐谢罪，但他贪图享受，事实上符合宋朝削夺武将兵权、高宗屈辱议和的基本国策。

帝所神都

　　绍兴二年（1132）正月，赵构将朝廷迁至临安，仍称"行在"。绍兴八年（1138）的和议形成之后，高宗以为宋金战争已经结束，便于十二月宣告定都于杭州。但此后宋金再战，直至绍兴和议形成。绍兴和议的主要内容是：南宋向金称臣；宋金疆界，东以淮水中流，西以大散关为界，南宋割唐、邓二州及商、秦二州之半予金；南宋向金岁贡银25万两、绢25万匹。第二年金朝归还了赵佶及皇后郑氏的灵柩、赵构的生母韦氏，赵桓却未能南还。绍兴二十六年（1156），赵桓死于囚所五国城（今黑龙江依兰），年57岁，绍兴三十一年（1161）金朝才将赵桓死讯通报宋朝。绍兴和议之后，南宋的国家疆域基本确定下来，中原、陕右尽入金朝，南宋所存包括两浙东、两浙西、江南东、江南西、淮南东、淮南西、荆湖北、荆湖南、成都府、利州（东、西）、京西南、潼川府、夔州、广南东、广南西、福建等16路，大致相当于现在的浙江、福建、广东、广西、海南、江西、湖南、湖北、贵州等省，以及江苏、安徽、四川的一半左右，和河南、陕西、甘肃的一小部分。

　　高宗在宣布定都杭州，特别是绍兴和议形成之后，开始初步构建南宋的皇城与大内。

翼翼为帝所神都

南宋正式定都杭州，以原杭州州治子城为皇城。南宋皇城在吴越国子城和北宋州治的基础上改建而来。钱镠于乾宁五年（898）自润州（今江苏镇江）移镇海军治所于杭州，即以凤凰山隋唐州治为治所，扩展州厅西南隅，依山阜为宫室，由此确定杭州"南宫北城"的格局。

凤凰山州治虽说地处逼仄，但寓意极佳。这段位于今杭州西南的群山，由南部西段的乌龟山起向东，有金家山、台山，转北，有凤凰山，继而是九华山、万松岭，以充当凤凰山之左腋。至于凤凰山的右腋，乃起自西南，向东延伸的慈云岭，这段山脉最终折向西北苕帚湾。宋人赵彦伟称，凤凰山作为临安大内南门之正面案山，"山势自西北掀腾而来，自此山止，分左右两翼"，恰如凤凰展翅欲飞。后日南宋兴建皇城，其间官衙，就驻在这排比拟羽翼的山头上。

吴越国的子城，周九里，"南曰通越门，北曰双门"。通越门在凤凰山之右，双门临江，双门外还建碧波亭，用来检阅水军。并将吴越子城的建筑范围扩展到慈云岭，子城内殿堂宫室，重檐叠阁，雕梁画栋，还"廊回路转""垂杨夹道，间以芙蓉""环以古松""风帆沙鸟，咸出履下"，俨然如一处江滨皇家墅园。吴越国子城沿袭六朝钱唐县治地和隋唐州治，发展成具有相当规模的杭城政治中心，为日后南宋奠定了国都皇城的建筑基础。南宋将两浙路复分为东、西路，两浙西路治临安府，因行宫治凤凰山麓的原州治，故临安府署经多次迁徙，最后于"清波门之北，以奉国尼寺（即净因寺）故基创建"。同时迁钱塘县治于纪家桥之西北华严寺故基；迁仁和县治于招贤坊（今凤起路与中山路交叉口西南，原慎安里、全德里）。

当年叶梦得上奏说，杭州州治卑湿狭小，并不是虚话。然而当时南宋朝廷正处在风雨飘摇之中，外有金兵，内有群盗，也实在无心收整，于是改州治为行宫的工程在一开始就是处处俭省的。建炎四年（1130）七月六日，在江南之地初步稳固，都城之址着手物色的情况下，高宗下诏扩充临安府州治。绍兴元年（1131），高宗削减杨公弼方案，只令建三百间，并嘱托说不必多加装饰，只求能遮挡风雨便好。绍兴二年（1132）十月，行宫初步建成，但极其简陋，据说只有一座挂着"行宫之门"的南门和一间楼室，皇帝白天召见群臣，参省政事，就管它叫"后殿"，吃完饭后引决公事，就叫作"内殿"，双日讲读，就叫作"讲殿"。

皇帝尚且如此，官员们的待遇就更可想而知。因为在殿外没有房顶，于是一旦杭州下雨，他们就只能在泥泞中伫立奔走，赶赴早朝。宰相等倒有点特权，那就是可以避在外延的屋檐下。于是，很可能在官员们群情激愤的敦促下，南宋初年的皇宫建设，居然首先是搭好过廊：绍兴三年（1133），梁汝嘉奉命在行宫大门与行宫大殿之间，其实就是南门和那座独殿之间修建廊庑，而截至此时，修内司有关修建北门的提议仍然没有批准。

南宋临安宫城修建得缓慢，除了财力不足的缘故，主要归结于当时局势不稳，行在未定，杭州得不到强有力的政策与钱款支持。随着宋金间的平衡逐渐确立，杭州作为事实上的首都地位逐渐稳固之后，相关修建的进程便大大加快了。绍兴十一年（1141）和议签订，同年即建成太社太稷、皇后庙、都亭驿、太学等；十三年（1143），临安又新筑成圜丘、景灵宫、高禖坛、秘书省；十五年（1145）建成内中神御殿；十六年（1146）兴太庙，启武学；十七年（1147）造玉津园、

南宋皇城遗址文保碑

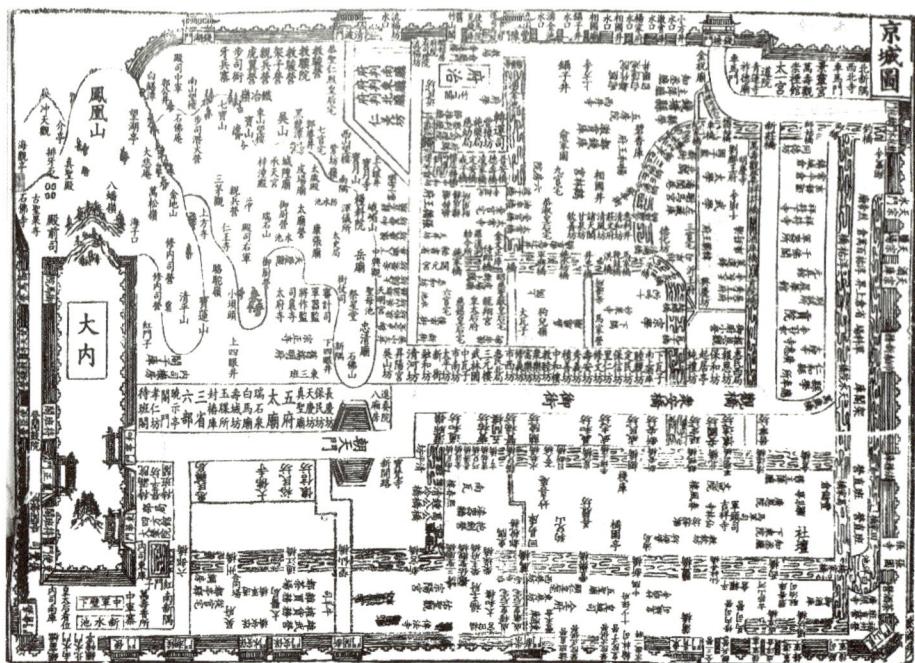

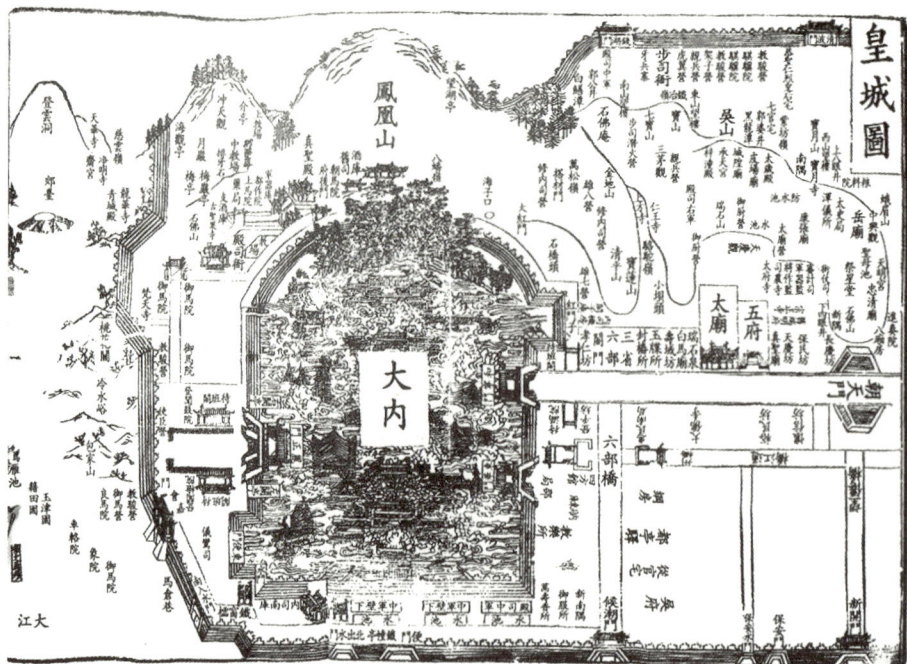

南宋京城、皇城复原图（原刊姜青青《〈咸淳临安志〉宋版"京城四图"复原研究》）

太一宫、万寿观；十八年（1148）作九宫贵神坛；十九年（1149）立太庙斋殿；二十年（1150）起玉牒所；二十二年（1152）毕左藏库，南省仓；二十五年（1155）成执政府；二十六年（1156）建两相第、太医局；二十七年（1157）建尚书六部。在这几乎每年都有新建筑落成的速度下，高宗用短短二十年，便将临安城收整得焕然一新，堪作国都，"一时制画规模，悉与东京相埒"。这样，作为南宋都城的临安府初具规模，就如当年曹勋《仙林寺记》所描述的，自从高宗定都之后，人口开始聚集，街市开始恢复，"于是士民稍稍来归，商旅复业，通衢舍屋，渐就伦序"，然后高宗开始构建皇城与大内，宫殿、军营、官舍开始拔地而起，这可以说是杭州城市建设史上空前的规模与景象，"至天子建翠飘之旗，萃虎貔之旅，观阙崇峻，官舍相望，口闻将相之传呼，法从之朝会，员输相属，梯航踵至，翼翼为帝所神都矣"。

行在帝宫奉朝政

南宋皇城的布局十分独特。因为皇宫位于杭州城南端，且与后来的太上皇居所德寿宫相对，因此被叫作"大内"，或是"南内"，后者则叫作"北内"。皇城的范围，大约北至今万松岭路南山，东至馒头山东麓，南至宋城路一带，西至凤凰山。长安、洛阳的城市布局都是"前市后朝"，皇城在全城之北，南面为坊市，但临安却是"前朝后市"，皇城在最南，并且以之为正，坊巷都在北面，因此百官上朝，相当于是从后门进宫，杭人称之为"倒骑龙"。绍兴二年（1132）所建的南门——当初的唯一行宫之门历经扩建重饰，于绍兴十八年（1148）改名为丽正门，是皇城的正门。皇城的后门，即北门，是和宁门，旁边还有水门。和宁门置在孝仁、登平两坊之中，和丽正门一样有三扇大门。需要说明的是，正是将大门由两道扩到三道，才算是符合了皇宫的仪制。皇城的西门是西华门，位置大致在栖云山附近桃花关。皇城的东门是东华门，在登平坊（即高士坊），斜对面是六部桥。沿着城墙向南，经过殿司中军将卒立寨卫护和护龙水池，还有东便门。一般人并不能踏入皇城之中，除却百官入朝，从和宁门入宫，或是士子殿试，从东华门入宫。当然，公主出嫁及省亲，也是从东华门出入。

临安皇宫布局虽和汴京皇宫布局有些相似，但前者毕竟是依凤凰山东麓，围绕馒头山所建造，"自平陆至山冈，随其上下，以为宫殿"，因而对照绝无那么严格，一殿多用的情况更是常见。丽正门的内衙是大庆殿，即当年那座唯一的行宫，明堂大礼、正朔大朝会都是在这里举行的。大朝会时，有身穿胄甲的高猛武士四人，分立在大殿的四角，叫作"镇殿将军"。大庆殿两侧又有朵殿，在西庑，陈列着法驾、卤簿、仪仗。龙墀之上，立着十把青凉伞，象征着当年太宗朝立诸国，如钱武肃、孟蜀王等。百官穿好朝服，步过两行排列森严的红漆杈子，入班侍候。此外还有"诸州进奏吏各执方物之贡。诸外国正副贺正使随班入贺，百僚执政，俱于殿廊侍班"。当然，这是大朝会的情况，若只是六参官起居及百官听麻，百官虽还到这里集合，但该殿就更名为文德殿。同理，当皇帝过寿，百官进酒时，这里就改名叫紫宸殿。祭祀祖先时改名明堂殿，进士考试时改名集英殿。南宋的偏隅难为，便可从皇帝宫室窥见一斑了。

由大庆殿向西，是垂拱殿，或称前殿。后殿是崇政殿，位于垂拱殿北。《建炎以来朝野杂记》里记载说："绍兴南巡，因以为行宫，其制甚朴。休兵后，始作垂拱、崇政二殿，其修广仅如大郡之设厅。淳熙再修，亦循其旧，每殿为屋五间、十二架，修六丈，广八丈四尺。殿南檐屋三间，修一丈五尺，广亦如之。两朵殿各二间，东、西廊各二十间，南廊九间。其中为殿门，三间六架，修三丈，广四丈六尺。殿后拥舍七间。寿皇因以为延和殿，至今因之。盖圣人卑宫室而尽力乎沟洫之意。"这一对"难兄难弟"，在南宋初年兵息之际修建，又在南宋末年沦陷之后，被分别改为报国寺和仙林寺。

宋佚名《卤簿玉辂图》（现藏辽宁省博物馆）局部

太庙遗址公园

　　自后殿向东，可以通到端诚殿以及崇政殿。端诚殿又名集英殿、崇德殿或讲武殿。崇政殿系以旧射殿改建，曾在绍兴十二年（1142）举行过大朝会礼。由此再向东走，有钦先孝思殿、福宁殿和坤宁殿。钦先孝思殿又名内中神御殿，乃东都旧制，用以奉历代以来神御，"凡朔望、节序、生辰，酌献行香，用家人礼"。福宁殿是皇帝的寝殿，而坤宁殿是皇太后之殿。妃嫔六宫亦在附近，大约位于今馒头山北麓附近。后殿向西，就进入了后苑。后苑大约位于凤凰山西北部，向北延伸到万松岭和七宝山。在高宗时代，这里应还没有精心堆砌的雕华，被时人及后世屡屡提起的，是复古殿和损斋。

　　根据理宗的说法，"复古殿者，高宗皇帝燕闲之所御也"。高宗喜爱那从小西湖正好吹来的风，常在此书法怡情。有段逸事是，复古殿供应的御墨，本都是新安戴彦衡所造。一次中官想直接在苑中设墨灶使费，欲取西湖九里松为材料。戴彦衡坚决反对说，松墨只能用黄山所产出的，平地上生出来的松木怎能用呢，其讲究如此。高宗也常在损斋习书。损斋修建于绍兴二十八年（1158），根据高宗自己所写的《损斋记》，他回顾历史，认为汉武唐皇都穷兵黩武，好大喜功，为国家招致祸患，所以他经过反思之后决定"清心寡欲，省缘薄费"，这样才能修养身心，与民休息。高宗把这样的理念解释为"用损以持盈""知损以守位"，故以"损"命斋。

除了宫殿之外，太庙也是象征赵宋皇城的最重要的机构与建筑。宋室南渡时，东京太庙的神主一路随宋室南渡流落，被高宗暂时安置在温州。绍兴四年（1134），高宗正在准备推动临安为行在时，司封郎中林待聘上奏说太庙神主"宜在国都"，即便当时杭州只是一处行在，也应该迁到行在来再说，"今新邑未奠，当如古行师载主之义，迁之行阙，以彰圣孝"。于是高宗命在临安府先修盖瓦屋十间，暂时充当太庙之责。有臣僚察觉到了高宗的心思，殿中侍御史张绚疑惑地问，陛下去年建明堂，今年又建太庙，是要立临安为行在，不再有意恢复中原了吗？绍兴五年（1135）局势稍定，高宗便决定在临安城修建太庙，并于五月初谒太庙。太庙初建时其实只有正殿五间，安置在南仓空地上，"东西止阔七丈二尺，南北止深三丈一尺，比之建康府所修殿，东西少五丈二尺，南北少二丈九尺"。绍兴十年（1140），太庙扩建到七间，"太庙殿两次间各添展一间，各阔二丈一尺，通本殿身共七间"。淳熙十四年（1187）扩建后，太庙有十三间，规模已相当宏大。1995年杭州市文物考古所对该遗址进行了发掘，现在的南宋太庙遗址位于杭州紫阳山东麓，东临中山南路，太庙巷以北，察院前以南，面积约1100平方米。

除太庙以外，南宋也构建了郊坛、社稷坛、先农坛、高禖坛等象征皇权的祭祀祠庙。绍兴和议形成后，礼部、太常寺于绍兴

太庙遗址出土础基

社坛巷

十三年（1143）正月提出郊坛选址意见，并很快由临安府会同殿前都指挥在嘉会门外南四里、龙华寺西找到了理想用地，也就是今天玉皇山下的八卦田的位置。当年郊坛就建设完成，规模相当宏大，最上层约22米，最下层约70米，与北京现存明清时期天坛圜丘大小相仿。同年南宋也建了社稷坛，以春秋二仲、腊前一日祭。太社、太稷实为两坛，分祀土谷之神。南宋社稷两坛，广五丈，东方青色、南方赤色、西方白色、北方黑色，上冒以黄土。北宋祭祀礼仪有"左祖右社"的格局规制，以御街为中轴，南宋的太庙与社稷坛虽分布御街两侧，但太庙在南端离皇城不远，而社稷坛在观桥以外，今杭州中山北路与凤起路交叉的东北社坛巷、社坛苑小区一带，已接近临安城的北端，不再与太庙对称分布。

此后，杭州还有南宋的皇后与太子的攒宫，集中在南屏山西北麓，也就是今天太子湾公园一带。其中孝宗成穆郭皇后、成恭夏皇后，光宗慈懿李皇后攒南屏山的修吉寺，宁宗恭淑韩皇后攒稍东的广教寺，庄文太子攒宝林院，景献太子攒其东的法因院。

东南立国

高宗退位

绍兴三十一年（1161）六月，金国国主完颜亮再次发动侵宋战争，在军事上取得很大进展。但由于金朝统治集团内部矛盾激化，完颜亮在采石大败后，为部将所杀，侵宋计划宣告失败。其后，高宗将皇位传给养子赵昚。赵昚是赵匡胤次子赵德芳的六世孙，原名赵伯琮。高宗独子夭折，宋朝宗室大多被掳，朝野又盛传报应之说，认为太祖后裔寂寥无闻，神灵不佑。总之，高宗将赵匡胤后裔赵伯琮、赵伯玖选入宫中抚养，并改名赵瑗、赵璩。赵瑗经史浩指点，受高宗赏识。绍兴三十年（1160）二月，高宗立赵瑗为皇子，进封建王，改名赵玮。绍兴三十二年（1162）完颜亮侵宋失败后，高宗五月立赵玮为皇太子，更名赵昚，六月便将皇位禅让于赵昚，自称太上皇帝，退处德寿宫。

资善堂读书

绍兴五年（1135），高宗命赵鼎等人在行宫院内修筑书院，共建成房屋十六间。高宗以此为资善堂，"命儒臣为直讲翊善，悉如资善故事"。即便在场的很多人都对此有过心理准备，甚至不少就是这项工程的推动者，但在听到此话之后，仍然感到震动。资善堂是太子读书的地方。大中祥符八年（1015），宋真宗首建资善堂，以作皇太子、皇子的就学场所。随着历代皇室的补充，它还增加了如议政、讲筵、宴客和收整书籍等功能。高宗建资善堂，等于是开始考虑立储的大问题了。

建炎三年（1129）的多事之秋，高宗先是受到金人杀往扬州的惊吓，传说因此失去生育功能。接着在苗刘之变中，高宗幼子赵旉被立为皇帝。平定苗刘之后，三岁的赵旉又在偶发的惊吓中病亡，高宗因此绝嗣。

王明清的《挥麈录》有一条《帝王自有真》的记载，说当年宋太祖下葬时，司天监苗昌裔为太祖寻访墓地。太祖的陵墓称为永昌陵，下葬之后，苗昌裔就与永昌陵使王继恩一起登山观看永昌陵的地形山势，这时苗昌裔对王继恩说，如永昌陵的地形，"太祖之后当再有天下"，这句话在宋朝流传甚广。

建炎三年（1129）七月皇太子赵旉夭折，当时就有一个乡贡进士李时雨上书请高宗"暂择宗室之贤者一人，使视皇太子事，以系属四海，增重朝廷"，结果当即被"押出国门"，"斥还乡里"，这个事件是请高宗立嗣的开端。建炎四年（1130）四月，高宗在海上逃亡之后，从明州进驻越州，八月又把孟太后从虔州迎回越州。建炎二年（1128）以来，高宗连续遭遇金军两次追击、苗刘之变被逼退位、皇太子夭折等重大惨剧，朝野上下开始流传报应之说，认为靖康之难及高宗狼狈是宋太祖神灵震怒天谴所致。据说这时孟太后跟高宗讲了一个奇怪的梦，高宗开始有所领悟，孟太后说的应该是宋太祖的托梦。

上虞县丞娄寅亮上书请求立嗣，更挑明了太祖报应之说。娄寅亮胆子很大，他说皇帝年纪轻轻却生不出小孩，还一直倒霉，恐怕是上天在警告皇帝哪里做得不对，"天其或者深惟陛下追念祖宗公心长虑之所及乎"。然后他分析，高宗的父亲徽宗当皇帝的时候，十分亏待太祖系的宗室，他们的待遇已经跟普通老百姓

嘉兴杉青闸遗址赵昚塑像

毫无区别了，这种情况下，太祖的在天之灵也不可能保佑宋朝的吧，不然就无法解释为什么会发生靖康之难这样悲惨的事情。所以娄寅亮就明确提出，应该在比皇帝低一辈的"伯"字行下"遴选太宗诸孙有贤德者"封为亲王，并把他当作皇储来培养。娄寅亮的上疏表明了高宗的意向，于是大臣们纷纷附和。绍兴二年（1132）正月高宗从绍兴至临安。这时赵令懬就挑了赵伯琮、赵伯浩两个小孩送到宫中。"伯浩丰而泽，伯琮清而癯"，高宗开始更喜欢伯浩。但当时有一只猫经过时，伯浩"以足蹴之"，伯琮"拱立如故"。这让高宗觉得伯浩太不稳重了，就赏了伯浩银三百两把他送走了，而伯琮就是宋孝宗。

孝宗是宋太祖赵匡胤的七世孙，他的父亲赵子偁是赵德芳的五世孙。南宋初年盛传"艺祖在上莫肯顾歆"，是因为徽宗年间取消了太祖后裔的宗室待遇。从此太祖后裔不再享受朝廷的津贴与授官，但可以自由迁徙并参加科举考试。赵子偁就在宣和年间考取科举，生下孝宗时他是秀州嘉兴县的县丞，他的官舍就是运河上的杉青闸，这里也是孝宗的出生地，而他的妻子张氏是真宗潜邸旧臣张耆的五世孙女。孝宗出生于建炎元年（1127），原名伯琮，后改名瑗，选入宫时年仅六岁，他还有一位兄长赵伯圭。

绍兴五年（1135），赵瑗八岁，到了就学读书的年纪，高宗令赵瑗入读资善堂，难道是默认他做皇子，做未来的储君与皇帝吗？资善堂在宫城北面的和宁门内，向左是学士院，向右是御酒库。以三省、枢密院为核心的外朝官僚机构集中在和宁门外。高宗命宗正少卿范冲与起居郎朱震当赵瑗的老师。当时的资善堂条件并不好，赵瑗就学一个月后，赵鼎就上书说"资善堂极偏隘，恐方暑不便"。但高宗态度比较冷漠，说简单修整一下就可以，他也以大兴土木为戒。其实这时高宗仍有生子的念头，曾亲祀掌生育之职的高禖以求血脉不绝。即便高宗没能再次生育，也并不意味着赵瑗高枕无忧。

孝宗入宫时并没有被立为皇子，只是改名赵瑗，授了一个防御使的虚衔。高宗需要后宫有人负责抚养孝宗。这时孟太后已经于前一年去世，高宗的生母韦氏还要十年以后签订绍兴和议时才被迎回。后宫也没有皇后，因为高宗继位前的正妻邢氏在靖康之难中被掳，虽然这时被遥册为皇后，却无法回到南宋。绍兴九年（1139）邢皇后在五国城（今黑龙江依兰县）去世，年仅34岁，但高宗直到韦氏归宋后才知道邢氏的死讯，所以高宗中宫虚位的历史长达十六年之久。孝宗入宫时，有可能抚养他的有潘贤妃、张婕妤与吴才人三人。潘贤妃是赵旉的生母，曾与孟太后一起逃难江西，因丧子之痛无意抚养孝宗。张婕妤对孝宗十分热情，于是高宗让张婕妤抚养孝宗，这让吴才人感到嫉妒。

吴才人与高宗算是生死之交，她一直陪伴在高宗身边，"常以戎服侍左右"，又"颇知书"。建炎三年（1129）高宗逃亡时吴氏也在身边，在宁波时吴氏随机应变避免了一场兵变。后来高宗逃亡海上，吴氏也同舟共济，当时有条鱼"跃入御舟"，吴氏还说过"此周人白鱼之祥"的吉利话，让高宗刮目相看。孝宗入宫后并没有被立为皇子，一方面当时高宗年仅26岁，仍然期待还有子嗣，另一方面吴才人也提出再领养一位宗室子。绍兴四年（1134），高宗又把另一位太祖七世孙、五岁的赵伯玖改名赵璩，交给吴才人抚养。这就引起了各种议论，甚至可能引发一场争嫡之战。大臣们看在眼里，就有些焦虑，催促高宗早立皇子，高宗都不予理睬。而秦桧并不支持赵瑗，绍兴九年（1139）支持高宗封赵璩为国公，让赵璩与赵瑗并驾齐驱。

相比赵瑗七岁入学，赵璩虽也被封为国公，但一直在禁中待至十岁，才于绍兴九年（1139）入资善堂读书。很快朝中不同政治势力在赵瑗与赵璩之间形成两派，宰相赵鼎与大将岳飞支持赵瑗，这给两人都带来了政治灾难。而支持赵璩的除了宰相秦桧，还有赵璩的养母吴氏。绍兴十一年（1141）宋金议和达成，秦桧权势滔天。绍兴十二年（1142）赵瑗被封为普安郡王，时年十六岁。同年高宗生母韦氏被迎回，韦氏似乎并不乐意立赵瑗为皇子，对此事

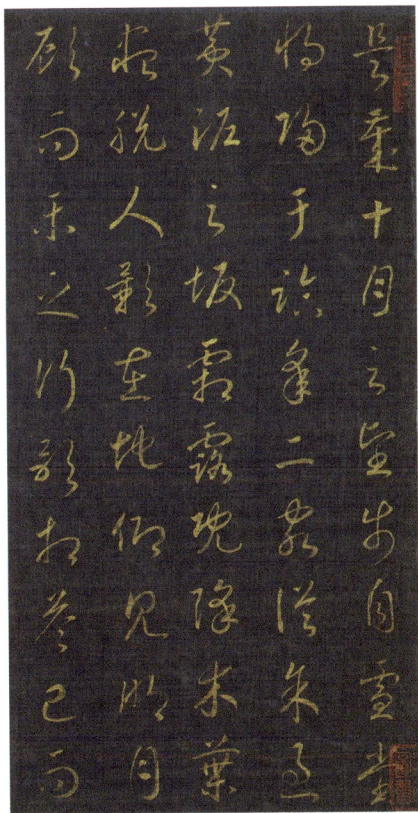

宋孝宗赵昚书法作品《后赤壁赋》（现藏辽宁省博物馆）局部

三缄其口。高宗从韦氏那里得知邢皇后早已去世，便于绍兴十三年（1143）册立吴氏为皇后。这种形势对赵璩似乎有利，特别是绍兴十五年（1145）在秦桧的极力劝说下，高宗封赵璩为恩平郡王，继续与两年前封为普安郡王的孝宗平起平坐，两家郡王府时称"东西府"，争嫡之战一触即发。

佑圣观潜邸

绍兴十二年（1142）赵瑗的养母张氏去世，赵瑗父亲赵子偁又于绍兴十三年（1143）去世，两个事件对赵瑗的地位产生微妙的影响。张氏去世之后，赵瑗并没有失去宫中的支持力量，事实上高宗更加看好赵瑗，所以让赵瑗"并育于后"，就是让吴皇后共同抚养赵瑗与赵璩，吴皇后就失去了偏向赵璩的动力，"后视之无间"。赵子偁去世，赵瑗并没有被立为皇子，伦理上两人仍是父子关系，秦桧就要求赵瑗为赵子偁服孝三年。当时赵子偁的长子赵伯圭为父亲在湖州寻找墓址，"惟乌程之菁山最佳"，据说还有神明指引，侧面反映兄长对孝宗入宫十二年后未被立为皇子、继统前途难以预料的焦虑心情。

绍兴十二年（1142），16岁的赵瑗被封为普安郡王，这样他就应该出阁开府，搬出大内独自居住了。今杭州佑圣观路南端河坊街至水亭址段，就是当时的普安郡王府。孝宗继位后，潜邸普安郡王府改为佑圣观，佑圣观路的地名就是由此而来。绍兴十五年（1145）之后，赵瑗与赵璩进入竞争阶段，赵瑗略占上风。绍兴十九年（1149），高宗曾要求两人温习旧书，并说《春秋》"其义渊奥，须能识圣人之用心，有自得处"，宰执还向高宗进呈两人温习的旧书。史书记载，孝宗读书非常刻苦，"绝意声色，常以经史自娱，凡六籍之文，悉加讲论。夜则观古人文集，暇则握笔赋诗、鼓琴习射而已"。地方志的材料里还讲，赵瑗能在竞争中胜出，得益于王府教授史浩的指点。有一次高宗让赵瑗书写《兰亭序》五百本以进，史浩拿战国时赵简子立后的故事提醒孝宗，"此赵鞅训戒之旨"，所以孝宗进呈的《兰亭序》远不止五百本。后来高宗又给两位郡王各赐宫女十人，史浩又提醒孝宗"庶母礼事之"，这样高宗对孝宗越来越满意。史浩是宁波人，《延祐四明志》记载这些故事时就赞叹孝宗依靠史浩当上皇帝，"高宗益贤普安，遂为皇子，封建王，浩之力也"。

普安郡王府的南边，今天杭州重建德寿宫的地方，当时其实是秦桧的府邸。绍兴十五年（1145），因为签订和议的"功劳"，高宗将望仙桥东的一块地段赐予了秦桧。当时有人编排说，这里其实"有郁葱之祥"，怀揣专国之心的秦桧就是知道了此事，这才千方百计谋得了该地作为府邸。但姑且不论风水之言是否可靠，秦桧的确将此处作为自己的大本营来用心经营。这座府宅向东便是秦桧的家庙，向西又是著名的一德格天阁。阁楼初成之时，曾有那阿谀之士贺函道，"我闻在昔，惟伊尹格于皇天；民到于

佑圣观路、水亭址交叉口（普安郡王府遗址）

今，微管仲吾其左衽"。这便是说，秦桧贤德如同伊尹，感通上天，护宋社稷不亡，堪比管仲尊王攘夷之功。有一个叫郑仲的家伙也来凑热闹，作为四川宣抚使，他特地献来一匹极其华贵的蜀锦地毯，刚好能铺满格天阁。只可惜他这副灵巧只招来秦桧的猜忌，随后便被后者撤职查办了。高宗在十月时还亲访过此处，"一德格天"的匾额还是他亲自题写的。总之，此时的秦桧实在是风光煊赫到了极点，形容他的住所，便只有用"备极宏丽"来形容。而与之对应的，普安郡王府就只能说是平平无奇，门庭冷落了。

赵瑗并不想亲近秦桧，反而利用这个位置去监视秦桧的一举一动，然后在关键时刻举报高宗。秦桧一直不支持孝宗，孝宗曾将自己、高宗和秦桧的关系，比作刘据、汉武帝和江充的关系，甚至还流露出过刺杀秦桧的意思，但都为赵逑所阻止。随着年龄的增长，孝宗也开始有反击的能力。绍兴二十四年（1154），秦桧派辛立镇压衢州的动乱，但是没有向朝廷报告，结果孝宗自己向高宗报告，让高宗大为吃惊。第二天高宗问秦桧这件事情，秦桧说这种小事就不用打扰皇帝了，等问题完全解决后再上报不迟。不过这一旗帜鲜明和高宗一起的立场，必将为后者所欣赏，并最终转为对赵瑗的偏向。秦桧很快知道是孝宗告密，心里十分忌恨，但年龄上熬不过孝宗。第二年秦桧就去世了，临终前秦家隐瞒秦桧病情，试图抢先让其子秦熺接任宰相，但这个阴谋再次被孝宗阻止，孝宗"又密启高宗破其奸"，说明这时孝宗已经有相当的政治影响力。

当时正值临安开挖运河，浚通河道，百姓们听闻秦桧已死的消息，无不欢欣鼓舞，最后义愤填膺地将挖出的淤泥悉数堆于秦宅的门口。于是那座"备极宏丽"的宅子，顿时臭气熏天。赵瑗紧盯着朝中的动向。秦桧死后，高宗立刻着手清除其在朝中的影响。绍兴二十七年（1157）史浩升任国子博士时提醒高宗，"普安、恩平二王宜择其一以系天下望"，高宗觉得很有道理，第二天还跟大臣们说"浩有用才也"，这恐怕就是史浩以及整个四明史家飞黄腾达的起点。绍兴二十九年（1159）六月，史浩升任普安、恩平郡王府教授。九月，高宗生母韦氏去世，享年八十。或许是因为韦太后一直希望高宗还能生育，总之据说韦太后从未在立皇子这个事情上松过口，高宗也就一直等到韦太后去世才正式处理此事。绍兴三十年（1160）孝宗被立为皇子，改名赵玮，进封建王，这时他被领进宫抚养已有28年。

退居德寿宫

绍兴十九年（1149）冬，金国的平章政事完颜亮发动宫廷政变，杀金熙宗，夺取皇位，史称"海陵王"。完颜亮立志灭南宋，传说曾经让画工绘制自己策马临安城中吴山的形象，并题诗"提师百万临江上，立马吴山第一峰"。绍兴二十三年（1153），金朝将都城从上京（即会宁府，今黑龙江哈尔滨市阿城区）迁往燕京（今北京），以后又开始营建汴京，加紧扩军备战。金朝将南侵的风声不断传到宋廷，宋高宗始而不信。

绍兴三十一年（1161）五月，完颜亮派出使臣，一路射杀运河沿岸无辜居民，到临安府公开挑衅，要求宋金边境以长江为界，汉水、长江以北土地尽归金朝，并以军事相威胁。宋廷经过激

"吴山第一峰"摩崖

烈辩论，在川陕、襄汉、两淮、沿海四区做出防御部署。完颜亮在迁都汴京后，也分四路侵宋，并亲率东路军主力拟渡淮取寿春以攻淮西。宋淮西主将王权退逃至江南的采石（今安徽马鞍山市南），金军攻占庐州、滁州、和州、扬州，完颜亮到达西采石附近的江北渡口杨林渡。随着两淮失守，很多大臣都提出继续退避，向来主战的孝宗这时自告奋勇，要求"率师为前驱"。孝宗的请战奏疏已经交到高宗手上，这时史浩提醒孝宗"太子不可将兵"，并以春秋晋公子申生及唐肃宗的历史教训告诫孝宗。孝宗意识到自己的鲁莽，请史浩立刻重新起草奏疏，首先对之前的请战表示追悔莫及，然后表示他只想

宁波史氏家族墓石像生（南宋石刻博物馆）

采石矶长江江面

跟在高宗身边以尽孝道，"请扈跸以供子职，辞意恳到"。高宗还在为孝宗的前一份奏疏大为恼火之时，就收到了史浩起草的第二件奏疏，看完之后心情稍稍平静下来，然后又夸史浩做得太对了，"真王府官也"。当时也有殿中侍御史吴芾提出以孝宗为元帅先上战场，史浩立即劝阻说"建王生深宫中，未尝与诸将接，安能办此"。又有人让孝宗在临安留守，史浩也绝不同意，坚持皇子跟随在皇帝身边是唯一正确的选择。高宗也同意这个观点，在决定北上建康后，也以"欲令王遍识诸将"为由让孝宗"扈跸如建康"。

完颜雍在一月之内控制了黄河以北的地区，完颜亮获悉后继续南侵，亲率40万大军临江誓师。十一月初八日，完颜亮命金军渡江，虞允文指挥宋军和当涂民兵以海鳅船中流阻击。经南宋军民殊死战斗，金军大败。虞允文估计金军将次日再来，便派一支水军往上游埋伏，另一支水军截击杨林口（今安徽和县东）。次日金军渡江，遭南宋两支水军夹击，虞允文又以火攻，完颜亮大败，遂移军扬州。此役即"采石之战"，完颜亮不甘失败，又准备从瓜洲强行渡江。虞允文、杨沂中、成闵等率部驰援镇江，与金军对垒。金军士气低落，认为渡江必败，又听说陈家岛金水军基地被灭，愈加恐慌。完颜亮命令渡江之日，部将闯入完颜亮营帐将其射杀，遣使至镇江宋营议和，然后撤军。采石之战结束之后，宋对金战局转守为攻，这时高宗才做出御驾亲征的样子抵达建康。本来这是一个恢复中原的机会，但高宗坚持议和路线。绍兴三十二年（1162）正月，金世宗遣使告知已经即位，很多大臣以为和约已毁，不应再接待金使。高宗为求议和，不为所动。高宗自知他的政策引起朝野的不满，这时深感"倦于政事"，开始考虑将皇位传给孝宗，自己则"淡泊为心，颐神养志"。二月回到临安后，高宗就跟宰相陈康伯讨论禅位事宜。

陈康伯说皇子也不是绝对的继承人，想要禅位最好先立皇太子明确传位之意，不然皇帝身体还好端端的就禅位，不知道的还以为皇子逼父退位呢，何况现在还处在战争状态，要是禅位之事弄得军心混乱可就麻烦了。于是，孝宗于绍兴三十二年（1162）五月被立为皇太子，又改名赵眘。在立皇太子的同时，高宗也要准备他"颐神养志"的去处。六月，高宗宣布由皇太子即帝位，自称太上皇帝，退处德寿宫。

绍兴三十二年（1162）六月丙子，高宗最后一次以皇帝的身份上朝。在煌煌紫宸殿，文武百官都列班站好，于静默中难掩激动地等待见证这历史性的一刻。先是知阁门官、内侍都知、御带以下的班列，继而又是管军的班列，最后是宰执以下的班列，他们跟在宰执们的身后，最后一次拜见这个曾经驾御了临安三十四年的君主。起居末了，左仆射陈康伯、知枢密院事叶义问、参知政事汪澈、同知枢密院事黄祖舜等人即升殿奏事，谏孝宗登基。此时虽有乐队等候，但并不奏乐。极尽肃穆的氛围，和流转在每个人脸上哀喜不辨的神色，已足够形成一曲深邃的乐章。宰执们一步一步走下御阶，而皇帝也终于动了。鸣鞭一响，高宗就此还内，离开了仍残留余温的宝座。群臣听到诏后，"再拜、舞蹈、三称万岁"，并暂时退下。这便是象征老皇帝权力的让出了。少顷，赵瑗身着皇帝履袍，涕泣着来到宫前，附近的卫兵仪仗赶紧迎驾，起居，鸣鞭，并由内侍扶赵瑗来到御座前。赵瑗三让三辞，以眼泪表示孝子之心，不敢僭越。于是随后便有内侍传高宗圣旨道令其升坐。赵瑗这才坐下，向东面对群臣，各官再依班次队列，起居称贺。赵瑗再度降御坐，侧身西向不坐，看宰执位阶以下的臣子再拜舞蹈，三称万岁，既而起居称贺。宰相陈康伯升殿奏事，再奏而退。至此，赵瑗就接过了高宗让渡的权柄，成了南宋王朝的第二任君主，史称宋孝宗。

于是太上皇离开皇宫赴德寿宫，孝宗着赭袍亲自送行。当时正逢下雨，太上皇再三辞谢，孝宗坚持冒雨手扶太上皇肩舆恭送至皇宫大门口，让太上皇十分欣慰。第二天孝宗又率文武百官赴德寿宫问安，礼仪极其盛大。

宋朝一共经历了四帝五禅，与之前宋徽宗于金兵刀锋下，和高宗在乱兵逼迫下不得不为的内禅不同，此次高宗对此早有了心理准备，足够他放下不舍与疑虑，安心憧憬起养老的时光。而孝宗既得此位，就又难免将过去的郁气尽数散了去，满心满眼，都怀念起高宗对他的好来。这样的氛围，明眼之人都能感知一二，况禅让之事，本就是儒生所推崇的至德之举。高宗虽被后世讥为偏安一隅非恢复之君，但在政权移交的此时此刻，南宋与金对峙的局势已经基本稳固下来，使之至少已不会再面临亡国之忧，而那些对皇权有可能产生威胁的将领与权臣也被剿除干净。一个崭新、清明，充满生机与未来的时代，很可能将在有志作为的孝宗手上升起。这也就无怪乎现场的参与之人皆感到心潮澎湃，幸甚至哉。

这一切已经和高宗没有关系了，此时他刚从祥曦殿启程，正在众人的拥簇与孝宗的目送下，乘坐步辇，慢悠悠地向德寿宫进发。他的皇后吴氏紧跟其后。孝宗为他们上尊号为"光尧寿圣太上皇帝"和"寿圣太上皇后"，并依照皇城及宫门例，定下了德寿宫宿卫之法。在御街两侧，临安城人围了个水泄不通，倍感振奋地瞅着那条载着太上皇的车队，浩浩荡荡向望仙桥走去，然后停在了一个可能还有人能回想得起来的熟悉地点。

德寿宫是以原来秦桧旧宅改建的。秦桧死后，他的子孙本还想居于此地，终是在上下齐声的讨伐中，灰溜溜地逃回建康老家了，于是那处便一直空闲下来，直到又被高宗看中，决定打造为自己的晚年居所。德寿宫坐北朝南，仿照大内布局，南营宫殿，北造园林。主殿德寿殿飞檐斗拱，气势恢宏，可供高宗接见皇帝和百官的例行问安与庆贺，以及举行各种盛大典礼，完全可被视作大内中的大庆殿。事实上，人们干脆也将德寿宫与皇宫对应，前者称北内，后者称南内。孝宗厚养高宗，不敢怠慢。

乾道三年（1167），孝宗本欲邀高宗往聚景园（今柳浪闻莺公园）一游，高宗以"频频出去，不惟费用，又且劳动多少人"为由婉拒。孝宗知其心意，为他修建后苑，凿大池，引湖水，植

德寿宫考古遗址

德寿宫遗址博物馆

异卉，垒巧石，拟飞来峰，且造冷泉堂于其下。冷泉堂竹木参天，凉风习习，最是避暑的佳地。堂内还有块太湖石，因其玲珑苍润，宛似芙蓉，故名芙蓉石。堂外石桥有亭，可观苔梅。一日孝宗来拜见高宗，高宗叫他看了二种苔梅同时着花再走。夏日，荷花曳风，长桥卧波，一切景物，并如西湖，于是这里又有"小西湖"之称。以它为中心，四方各具巧思。高宗有了闲心，经营山水，而孝宗又竭力在财物上事事满足，以至于德寿宫一扩再扩，增至今天估测的16万平方米。纵使高宗不再远出，也必不会烦闷了。

退休以后，高宗的一天很可能这样度过：因着孝宗定下了五日一朝的制度，于是在早晨，他很可能要在德寿殿接待前来拜访的皇帝和百官。这可不是孝宗进屋说几句话或磕个头就结束了的。马端临都感慨这套仪注着实繁杂，"古今罕俪"，因而必须详细记

柳浪闻莺公园

载。在反反复复地升殿降阶，掀帘卷帘，拜赞奏请过后，整个上午时光基本就荒废掉了。因此，在确认孝宗仍然恭顺的情况下，高宗也并不喜欢这一大堆人用无谓的形式来打扰自己的清闲。在心神俱疲、不愿远行的情况下，高宗很可能会去后苑东区松快一下。那里多名花仙草，极宜赏景。漫步走过玉石铺就的万岁桥，高宗来到依山傍水的香远堂。若是盛夏，池中荷花妖冶，若是寒冬，另一侧梅花灼灼。此外，清深堂可赏竹，清妍亭可赏酴醾，清新堂可赏木樨，月台月色好，松菊三径秋色佳。若更有玩心，高宗大抵会顺着芙蓉冈南向去。在射厅，他可以骑马射箭，或令御马院使臣打球，又或是叫宫人们排演百戏，自己则尝着叫别人买来的市井里的各色小吃。在朝天门，每早四更天，都会有无数的小商小贩，挨着墙根等着开门。这些人里就有做高宗可能喜欢的吃食的，也有挑柴贩菜卖花等出售日常用品的，和往闲人跟前说书唱戏的。高宗并不一定真能听得见他们的吆喝声，但这些在他别日里出游时就都已见识过了。

在泄碧筑中撒了一把鱼食，高宗看着那金粉红灿的一团团都来上浮抢食，不禁长长地吁出一口气来。触景生情，他又想起孝宗来。那孩儿给他硬生生描摹复刻出一座人为构石的飞来峰，也算是有心。当时他们一同到飞来峰前观瀑布，孝宗还题诗说，"圣心仁智情幽闲，壶中天地非人间。蓬莱方丈渺空阔，岂若坐对三神山"。事实上高宗对孝宗的试探一直在继续，南宋本行榷酒政策，官方垄断，禁止私酿，高宗却偏偏公然开设酒库，并在听闻有人谏责的盛怒之下，派人赐予孝宗一壶酒，上面公然用御笔写着"德寿私酒"。孝宗无可奈何，只得示意那人自请闲差，并岁拨糯米五千石，供其酿酒。高宗又一次胜利了。他去插手房宅买卖，物色美女佳丽，孝宗一一容忍下来，年年为高宗奉上几十万贯的零花。

传说表现孝宗对高宗孝道的宋画《望贤迎驾图》（现藏上海博物馆），图中黄盖下穿红袍者为孝宗，红盖下穿白袍者为高宗。

孝宗恢复

宋孝宗赵昚是南宋历史上比较有为的君主，历史上有"孝宗中兴"之说法。隆兴和议之后，金朝仍要求按绍兴和议的约定，由宋朝皇帝在殿上起立亲自从金国使者手中接受国书，这令赵昚深感耻辱，要求更改受书仪，并归还河南宋帝陵寝之地，遭到金朝断然拒绝。赵昚对恢复中原念念不忘，张浚去世后，将北伐事业托付于虞允文。到乾道五年（1169）八月，虞允文已升为右相，并积极备战。乾道八年（1172），虞允文出为四川宣抚使，赵昚与他相约北伐。淳熙元年（1174）二月，虞允文去世，赵构又处处牵制，赵昚北伐意志逐渐消沉，终于无所作为。赵昚统治时期，南宋社会政治还算清明，学术思想和文学创作一度活跃，赵昚也频繁更换宰相以防权臣专政。

龙山阅兵

孝宗即位第二个月，他就正式为岳飞冤案彻底平反，并抚恤其他受秦桧构陷的臣子，还将主战派代表张浚召入京中，共商大计。他默默地看了那位老者良久，改变容色道：我很早便听闻

宋孝宗像

湖南宁乡张浚墓

你的名声，现在，朝廷所能仰赖的只有您了。言罢，孝宗赐座，走下御阶，张浚亦从容而对。这就是孝宗与张浚的初见。隆兴元年（1163）正月，孝宗任命张浚为枢密使，都督江淮军马，向全朝宣布说："朕倚魏公如长城，不容浮言摇夺！"四月，孝宗绕过三省与枢密院，直命张浚与诸将北伐，史称隆兴北伐。其间，之前助孝宗良多的老师史浩作为坚定的主和派，在辩驳不成后，愤而辞相。然而，孝宗的用人失误使他遭受了严重打击：前线大将李显忠和邵宏渊失和，后者拒援前者，致使宋军在宿州大败，经年所积军资兵马一旦丧尽，勉强保住淮河，史称"符离之溃"。

孝宗所主持的隆兴北伐，本身就是强顶满朝压力的勉力之举，其中，又以高宗的阻挠最坚决。在禅让之时，高宗便难得几分真心道："朕在位失德甚多，更赖卿等掩覆。"宋孝宗这个继承人是为他接摊子的，而不是捅娄子的。因此，他对孝宗嘱咐说，大哥（指孝宗），等我百年之后，你再北伐吧。见张浚被起用，他又说："毋信张浚虚名，将来必误大计，他专把国家名器财物做人情耳。"便把主和派汤思退调作左相，压过张浚一头。高宗这话虽有几分对，但并不能掩盖他的反战立场。再后来，孝宗出兵，太上皇事后得知，大怒之下把他叫进德寿宫令其撤回，孝宗只有沉默以对而已。如今兵败，高宗气势大涨，孝宗也心生动摇。六月，汤思退复出，开始了议和的日程。十一月，卢仲贤带来条件：金帝与宋帝改为叔侄关系，宋朝归还被占的海、泗、唐、邓四州，归还降宋的金人，补纳绍兴末年以来的岁币。高宗主议和，孝宗本欲拒绝，备军再决雌雄，但终于屈服，在隆兴二年（1164）四月召回张浚，罢免相位。是时张浚正在招揽山东淮北义士，增进淮北力量，他没有接受任命，而是直接请辞，最后被授予了醴泉观使的闲职，"朝廷遂决弃地求和之议"。四个月后，张浚病逝，死前手书其子说："吾尝相国，不能恢复中原，雪祖宗之耻，即死，不当葬我先人墓左，葬我衡山下足矣。"他或许曾想起淮西兵变，那时他也刚来主持枢密院。难道这竟是天意吗？

十月金派仆散忠义再度挥师南下，都督江淮军马汤思退无能对抗，最终退往长江一线，失陷楚州、濠州和滁州。孝宗惊怒，汤思退流放永州，然而事势终究无可挽回。隆兴二年（1164）十二月，宋金达成和议：金宋世为叔侄之国；"岁贡"改为"岁币"，银绢各为二十万两匹；南宋放弃所占的海、泗、唐、邓、商、秦六州，双方疆界恢复绍兴和议时原状；双方交换战俘，但叛逃者不在其内。宋虽不再称臣，亦减免了岁币，但代价是交出了在采石之战中收复的海、泗等六州。隆兴北伐，隆兴和议，竟是一场徒劳无功。同样值得唏嘘的是，被孝宗痛骂"秦桧之不如"的汤思退在流放途中听闻太学生仍上书请斩，遂忧悸而死，只留下一首《西江月》，耐人寻味：

> 四十九年如梦，八千里路为家。思量骨肉在天涯，暗觉盈盈泪洒。玉殿两朝拜相，金旨七度宣麻。番思世事总如华，枉做一场话靶。

在南宋官家战和不定的生死拉锯中，朝廷主战派与主和派的血肉一同消磨。

隆兴北伐失利后，孝宗改元乾道，将重心转向内政。发展经济，首先在于减轻人民负担。宋孝宗不仅屡次下诏减轻人民负担，而且注意实效。比如孝宗下诏必须按照规定时间收田赋，违者劾奏。拖延多年的预催问题，在孝宗亲自干涉下终于得到解决，至少在孝宗时期"民力少宽"。又如地方官常以"羡余"名义进奉钱财，希望得到皇帝的恩宠，孝宗在乾道五年（1169）时就指出"今日财赋安得有余"，并且表明不接受地方官进献的"羡余"。孝宗经常督促地方官兴修水利，"勉农桑，尽地利"，指出"水利不修，失所以为旱备"，而且注重水利的实效。所以孝宗朝"年谷屡登，田野加辟，虽有水旱，民无菜色"，虽不无夸张，但大体反映了当时的情况。孝宗朝由于政策恰当，保持了纸币币值的稳定与流通，不仅促进了商品经济的发展，也是宋孝宗时社会经济繁荣兴盛的反映。

然而复仇与恢复的火焰仍在他心中熊熊燃烧，在无力北伐的情况下，孝宗只好反复地举行大型阅兵仪式，坚定南宋军民恢复的决心，宣泄对金兵及投降派的仇恨。史籍记载，孝宗乾道年间一共有五次大阅，"寿皇留意武事，在位凡五大阅。或幸白石，或幸茅滩，或幸龙山。一时仪文士马、戈甲旌旗之盛，虽各不同"。宋朝文弱，大型的阅兵不多，北宋仅有9次，且在宋真宗咸平二年（999）就达到了顶峰，后面不过是小型的观练比武。南宋初年屡遭兵乱，因而阅兵整武，早有提议。建炎三年（1129），胡寅就上万言书说："一曰选将；二曰搜练；三曰教阅"，"三事者，军旅之急务。"绍兴五年（1135），李邴又上奏说："宜因秋冬之交，辟广场，会诸将，取士卒才艺绝特者，而爵赏之。"宋高宗本来也"怦然心动"，对众臣说"朕欲亲阅武"，得到了吕颐浩、张浚等人的大力支持，然而先是受限于宋金战事，后缘于高宗有意"自废武功"以示退让，阅兵之礼终究没有复兴，直到孝宗之时。

乾道二年（1166）十一月，孝宗初阅兵，"幸候潮门外大教场，次幸白石教场"。白石校场，地处临江乡（今彭埠），人烟稀少，蓝天白云，视野开阔，大片土地除了用作军马草场，还可用于军队演习和阅兵，是南宋建都临安（今杭州）后的一处理想操练场所。乾道二年（1166）十一月二十四日，阅兵典礼正式拉开序幕，三衙官员引导宋孝宗到白石校场，队伍雄壮，皇帝登台后，三衙统制、统领军等完成一系列动作后，举黄旗，请军三呼万岁，三衙管军向皇上报告阅兵准备，请求指示，皇帝指示阅兵开始，马军骑兵打围校场，举白旗时，三司军马首尾相接；举红旗时，向台合围，鸣金（笛）后停止，军马各就围地，作圆形排列。值得一提的是，宋时军演是以动物作为靶心的，射生官兵伴随鼓声出马射击獐兔，鸣金（笛）一声即停止，反复鸣金（笛）后，射生官兵归阵队。指挥官举起黄旗，骑射官兵纷纷走向阅兵台，向皇帝展示自己所获猎物。皇帝慰劳将士，赏赐每位将领马鞍和金带，三军得到赏赐都很高兴，和旁边观看的老百姓挤在一起，当日皇帝还下了圣旨，他对殿前司王琪等人说："教场上的军事训练师律整齐，人无哗嚣，分合应变，我看后非常开心和高兴。"

乾道六年（1170）冬戊申日，宋孝宗再次驾临白石，诸军随从有一万两千四百人。阅兵开始，殿前司打黄旗，马军打红旗，步军打白旗，因道路狭窄，骑兵五百聚集在场地北面，步军千人等候在大教场，一千九百骑兵则停留在中道，阅兵队伍浩浩荡荡接受皇帝检阅。阅兵结束后，皇帝进入帐篷，命令军士休息吃饭。然后，召宰相、亲王、枢密使、太尉等到幄殿，酒过三巡，再召亲王、太尉等到座，席地散酒。又登车子去院楼，宰相跟随。皇帝阅兵，看似简单，其实颇费周章，单是各项准备，从确定阅兵典礼的时间、阅兵场地布置、将士衣甲装备、仪仗、安全保卫、后勤保障等都需要筹谋很长时间。阅兵除禁卫所规定的要求外，大典开始的前一日在教场扎营，维持会场秩序以及将台安全。宋孝宗赵昚不愧为宋代18位皇帝中唯一的武功皇帝，他继位后，通过阅兵和实战，对成绩突出的将佐予以破格提升，武艺出众的士卒获得重赏，禁军兵员冗滥，裁汰老弱，补充强壮，他自己勤学苦练骑射，黄袍加身取得皇位后，将兵权牢牢地掌握在自己手中，为宋王朝政权的巩固立下了汗马功劳。

乾道四年（1168）十月，孝宗再度阅兵。这次他来到了茅滩。茅滩，是"龙王堂北、江岸以东茅滩一带平地"，"江岸以东"应该是在今钱塘江南岸（需要指出的是，由于钱塘江主槽变迁造成的古今地理差异，宋时茅滩尚在钱塘江北岸），可能就是今天杭州萧山区的龙王塘一带。当天，三衙管军与各军统领将佐乘马，引导圣驾到大教场亭，更衣甲胄，再至滩上。孝宗又一次登上高台。此后礼数大致相同，而军队的队形更加变化多端，《宋史》记载："中军鸣角，倒门角旗出营，马步军簇队成，收鼓讫。连三鼓，马军上马，步人撮起旗枪。四鼓举白旗，中军鼓声旗应，变方阵为备敌之形。别高一鼓，步军四向作御敌之势，且战且前，马军出阵作战斗之势。别高一鼓，各分归地分。五鼓举黄旗，变圆阵为自环内固之形。如前节次讫。三鼓举赤旗，变锐阵，诸军相属，鱼贯斜列，前利后张，为冲敌之形。亦依前节次讫。王逵奏人马教绝，取旨。举青旗，变放教直阵，收鼓讫，一金止。重鼓三，马军下马，步人齺落旗枪，皆应规矩……鸣角声簇队讫，放教拽队。步人分东西引拽，马军交头于御台下，随队呈试骁锐大刀武艺，继而进呈车炮、火炮、烟枪。及赭山打围射生，马步军统制官萧鹧巴以所获獐鹿等就御台下进献，人马拽绝。"孝宗观之，同样喜悦，"犒赏倍之。士卒欢呼谢恩如仪"。随后孝宗改穿常服，骑乘到车子院，"宣唤殿前司拨发官马定远、侯彦昌各赐马一匹，彦昌仍自准备将特升副将"。喝完御酒后，孝宗已说不清是酒令人醉，还是人自醉了。他按例夸赞了诸将，又问主管侍卫马军司李舜举说："今日按阅之兵，比向时所用之师何如？"李舜举回答："今日所治之兵，皆陛下平时躬亲训练，抚以深恩，赐之重赏，忠勇百倍，非昔日可比。"

乾道四年（1168）后，孝宗还分别在乾道六年（1170）与淳熙四年（1177）、淳熙十年（1183）又到白石、茅滩和龙山举行阅兵。龙山应该是指凤凰山的将台山，南宋时期，将台山是殿前司营亲军（也就是御林军）驻扎护卫皇城的营盘所在，此处既有地势之优，又近傍皇城，可以说是御林军驻扎的完美之地。同时，这里也是南宋时期皇室演练兵马的地方，宋高宗、宋孝宗、宋光宗三位皇帝都曾在此登台检阅过军队。宋孝宗常常带着后宫妃嫔及宦臣们到将台山习武、射箭并检阅兵将，因此，民间就把将台山称为"御教场"。后来宋宁宗庆元二年（1196），郭杲谏言说，"茅滩在江东岸，潮汐不时。若营教场，徒费修治，不如专阅于龙山，从之"，于是后来宋帝就再也没有前去茅滩。

　　孝宗还在浙江亭一带检阅水军。浙江亭又叫樟亭驿，位于候潮门外，即今杭州南星桥三廊庙附近，这一带也仍保留候潮门公交车站的地名。南宋时，杭州的观潮胜地仍在三廊庙江边的跨浦桥到六和塔一带，浙江亭仍是观潮的一个佳处。在吴越国时建的竹车门基础上建起来的候潮门外就是浙江亭，宋孝宗经常出候潮门，在浙江亭附近阅兵、观潮。南宋周密写的《武林旧事》卷七"乾淳奉亲"中，记载了宋孝宗请太上皇宋高宗、太后以及宫内嫔妃

将台山诗刻

三廊庙公交车站

候潮公园

古候潮门

宋佚名《观潮图》（现藏波士顿艺术博物馆）

等人前往浙江亭观潮并检阅水军的情况。宋高宗退位以后，宋孝宗对宋高宗十分孝顺，照顾可谓无微不至。淳熙十年（1183）八月十八日，宋孝宗请宋高宗和太后观潮，事先命修内司在钱塘江边的浙江亭两旁用草席搭盖临时简易房子五十间，都用五彩绣幕缠挂。十八日清晨吃过早膳，御辇等车马一起出候潮门，簇拥来到浙江亭。宋高宗吩咐给从驾百官各赐酒食，并免待班，以便大家轻松观看潮水。官员们各自分散，逐队嬉游。

官府已事先在钱塘江两岸安排了士兵，在西兴、龛山一带的江面上布置了上千只军船。在等待潮水到来的这段时间，各军都戎装披挂，戈甲旗帜，耀日鲜明。岸上的士兵排队操演；江面上分布五阵官兵，摇旗呐喊，舞弄刀枪，各船进退，如履平地。其间点放五色烟炮，布满江面。当烟收炮息，江面上的舰船都隐藏起来，不见一只。宋高宗下令管军官以下一概给予赏赐。那时自龛山以下，贵邸豪民，彩幕绵亘三十余里，路上行人挨肩叠背，拥挤而行。连隔江的西兴一带也都扎起了临时帐篷，悬挂锦绣，江面之上，有如铺锦一般。观潮的人们兴奋地等待大潮来临。这时，海门潮头一点将动，一百多名惯弄潮头的弄潮儿，在几名弄潮高手的带领下，手持十幅彩旗，来到海门迎潮，踏浪争雄，出没于波涛中。不一会，潮水来到，两岸一时欢声喧嚷。这时，又有诸人踏滚木、水傀儡、水百戏、水撮弄，各呈伎艺。宋高宗高兴地说："钱塘形胜，天下所无。"并尽为赏赐。宋孝宗接着说："江潮亦天下所独。"晚上月上中天时，又在江上放数十万盏"一点红"羊皮小水灯，浮满水面，如千万点星光般灿烂。传说点水灯是为了讨江神喜欢，不光是为了观赏。高宗在江边赏灯，直到一更时，才开始启程返宫，孝宗扶高宗登辇，官员和老百姓见了，都称赞孝宗的孝顺。

班荆夺书

一滴冷汗滑过汤邦彦的额头，他的眼中映入明晃晃的刀光。金世宗命夹道内站满"控弦露刃之士"。八月已不算热，而惶恐煎熬得他心尖发颤。汤邦彦唇齿微张，却说不出话来。淳熙二年（1175）的这一次出使遂以失败告终。孝宗得闻这件事后勃然大怒，"诏流新州。自是，河南之议遂息，不复遣泛使矣"。

孝宗派使前去争论的是两件事，一是受书礼，二是更陵地。当初宋金结成海上之盟，两国平等相待，其中一个体现就是在双

表现宋金两国使者会面场景的宋佚名《聘金图》（现藏美国大都会博物馆）局部

方递交国书时，金朝使者先在宋朝舍人的引领下入殿，跪于阶下进送书匣，宋朝皇帝不起身，而是叫接书匣阁门使跪接书匣，手捧升殿进呈内侍都知，内侍都知开启书匣，转送宰臣，宰臣再行宣读。宋使来到金国时，也是先行到国主帐前，面向北立，由阁门官引入帐中，跪奏大金皇帝圣躬万福，又向南方（即宋）跪奏万福，奏讫拜起复位，出帐南面西立。

然而绍兴和议宋对金称臣，因此递交金朝的只能叫作"表"，而不再是"国书"。按礼，宋使对金不变，而金使却可以直接捧书入殿，跪在宋帝榻前进呈，宋帝也需要从座上起身，降榻，亲自受书，然后再转交内侍都知、宰臣。孝宗很想改变这种屈辱的地位，隆兴和议时金宋之间改称叔侄，孝宗就尝试改变接受金朝国书的外交礼仪。

乾道元年（1165）的金人使者给大殿招来一片纷乱。宋孝宗要求恢复阁门使，而金使完颜仲坚决不允，双方僵持不下之际，高宗插手，最后令皇长子、邓王赵愭受书以进。四月二十三日的这一天，孝宗、邓王坐在榻上，前者表情尤为冷淡，在见到完颜仲等面色不悦，"颇多慢言"时，更转为冷肃。虞允文深知皇帝心意，挺身而出，结果双方竟然就真的如此在御座前争吵起来，孝宗无法忍受，干脆打算将使者扣下。然而，高宗再度下场，群臣也纷纷跟进说"兵衅未易开，姑已之"。

孝宗并不甘心，接连在乾道六年（1170）、乾道七年（1171）、乾道九年（1173）等不断遣使，要求更仪，最后甚至闹到几乎无可收拾的地步。乾道九年（1173）金国派完颜璋等使者来贺生辰，孝宗又一次要求宋帝免接国书，并毫无意外地再次遭受金人与高宗的联手镇驳。在极度的羞恼愤恨之下，孝宗竟干脆命人跑到宾馆，强夺国书，以免行仪。

金使下榻于班荆馆，在临安府城五十里的赤岸河，即今天杭州城北皋亭山下上塘河畔星桥街道一带。班荆馆是专门接待金朝使臣的宾馆，高丽、占城、大理、真里富国、大食等国使者一般

皋亭山上塘河赤岸桥（班荆馆遗址）

居于法慧寺改建的怀远驿中。金使入驻班荆馆后，宋廷会派遣伴使先在班荆馆设宴款待。第二日，金使则乘船到北廓税亭（武林门外）稍息，待宋方以茶酒招待后，再骑马入余杭门，最后到达候潮门里泥路西的都亭驿下榻等待召见。宋室会赐下褥被、钞锣（洗器）等，同时第二日在送酒食时，由阁门官向使者讲明入见时间与仪式等事。再次日，伴使陪同金使至皇宫紫宸殿拜见皇帝。等到拜见完毕后，宋帝还要在垂拱殿设宴款待金使，酒五行，并赐茶器名果。第二日皇帝一般会赏赐沉香、乳糖、斋筵、酒果等，并再安排伴使陪同金使到天竺寺烧香，游赏冷泉亭、呼猿洞等名胜。这一方面固然是叫金人感到宾至如归，但另一方面也让临安门户洞开，绝无秘密可言，因此，宋人会选择将沿途的碑刻全部用纸覆盖掉。白日游玩，晚上金使还会被安排看戏。临走前，宋室会再度在集英殿为之设宴饯行，金使遂再自班荆馆北还。以上说的还不是节日里的情况。如逢重大节日，宋帝还要在都亭驿赐下"御筵"，以及各类名贵礼物，一次账单中写道："自到阙朝见、宴射、朝辞，共赐大使金千四百两，副使八百八十两，衣各三袭，金带各三条。都管上节各赐银四十两，中下节各三十两，衣一袭，涂金带一条。"可见其靡费。

虽然如此热情接待金使，但金朝并不打算在国书礼仪上做出任何让步。孝宗堂堂一国之君，居然派人到使馆抢夺国书，立即掀起轩然大波。金朝方面很快就再派使者梁肃前来质问："今知岁元国信使到彼，不依礼例引见。辄令迫取于馆，侄国礼体当如是耶？"并将当时毫无反抗、欣然赴宴受礼的完颜璋杖责除名。孝宗本可以再硬气一点，但这时他依赖的抗金宰相虞允文已经病逝，最终在满朝压力下，孝宗还是"起立授受国书，如旧仪"。

孝宗还向金朝提出归还河南巩义的祖陵。北宋七帝八陵悉在河南，虞允文曾设想通过金朝归还陵地进而收回河南。这其实是痴心妄想，陈俊卿、陈良祐等都持反对立场，但孝宗病急乱投医，在乾道六年（1170）的出使任务清单中提出了这一条，遭到金朝的断然拒绝，并放出"欲以三十万骑奉迁陵寝来归"的风声，即让南宋将祖陵迁到境内。消息传来，南宋震动，川陕请战。孝宗进退两难，只能在下一次的遣使中避重就轻，说钦宗还葬在金国未迁，因此不能迁陵。结果金朝就依一品之礼将宋钦宗葬到了巩、洛之原，孝宗在外交战中没有占到半点便宜。

两朝内禅

淳熙十四年（1187）高宗去世，孝宗决意为高宗服丧三年，命太子赵惇参决政务。淳熙十六年（1189）二月，孝宗将皇位传于赵惇，是为宋光宗，孝宗称太上皇帝，退居重华宫。绍熙五年（1194）六月，孝宗去世，赵惇拒绝出面主丧，宰相留正与知枢密院事赵汝愚率群臣泣谏，撕裂赵惇衣裾也无济于事。皇太后吴氏垂帘听政，在为孝宗举行禫祭时，由赵汝愚宣称赵惇曾有御笔"念欲退闲"，于是宣布光宗退位，其子赵扩即位，是为宋宁宗，史称"绍熙政变"。孝宗、光宗两朝内禅，对南宋政治生态造成了深远的影响。

贡院风波

淳熙十四年（1187）十月八日乙亥，高宗在湖光山色徜徉中安然逝去，余生享尽风流快活。孝宗发誓为之守孝三年，也算为这场"父子相宜"画上了完满的句号。然而，当时很少有人能预料到，在短短两年之后，孝宗就再度禅让，做了新一任太上皇。

孝宗如此作为一般被归结为三大原因：第一是他北伐之业屡

遭打击，又已年逾花甲，锐气不复，"稍觉倦勤"。第二是淳熙十六年（1189）正月恰好赶上金世宗之孙完颜璟，即金章宗登基称帝。按照隆兴和议的规定，孝宗需要尊称这位年仅弱冠的金主为叔父，这于他而言不能不说是种折辱。第三，同时也或许是最令他安心的一点是，高宗禅位已经有过先例，孝宗或能效仿旧事，既享颐年，又握权柄，更何况太子赵惇还是自己的亲生儿子。

赵惇是孝宗的第三子，而当年受高宗指派为孝宗代收国书的皇太子赵愭曾经被立为太子。孝宗尚为普安郡王的时候，曾和自己的郡王妃郭氏生下四子，分别为赵愭、赵恺、赵惇和一未及命名即夭折的幼子。在册立嫡长子赵愭为皇太子的问题上，孝宗表现得似乎不太情愿。孝宗即位不久，宰相张浚就提醒孝宗"早建太子"。这时的赵愭已近弱冠之年，完全有资格立即册封为皇太子，但孝宗没有让他入主东宫，赵愭只好如普通皇子一样出阁就第。

乾道元年（1165）五月二十一日乙巳，邓王赵愭和王妃钱氏

杭州第十四中学（景灵宫遗址）

麒麟街（南宋贡院遗址）

生下了嫡子赵挺，便向宫内报告了这一好消息，没想到一个叫作王淮的秘书少监就跑去和时任参知政事，代行宰相职责的钱端礼说，其实早在今年的四月十五日，恭王就和王妃李氏生下了嫡子赵挺，只是未及申报，但后者才系嫡长孙无疑。王淮的另一重身份是恭王府直讲，而钱端礼就是邓王妃的父亲。他听闻此话后勃然大怒，也明白这件事的严重性，于是在第二天就把该事禀报了孝宗，要求明定嫡庶名分。孝宗如何不知钱端礼的潜台词？在满朝文武期待、审视的目光下，他不得不把王淮外调贬职，承认了赵挺的嫡长孙身份，并在两个月后正式册封赵愭为太子。

立储之事本应该就此尘埃落定，却偏偏又逢着风波。乾道三年（1167）春国忌日，太子及百官前往景灵宫给列位先帝神御（肖像）敬香，那天恰好是补试士子入贡院的日子。景灵宫与贡院都在南宋御街沿途，今凤起路上。南宋御街自出和宁门之后，沿今

太子湾公园

　　中山南路、中山中路一直向北，然后在凤起路西折，至今杭州市第十四中学的位置。景灵宫就在御街的末端十四中一带，而贡院在景灵宫往东，今凤起路与麒麟街交叉一带，赵愭的府第则在今天仁和路、浣纱路交叉一带。这样在景灵宫的活动结束之后，赵愭无论是回府还是上朝，如果要走御街大道，就必须经过贡院，但如果走小道其实可以抄近路。那天时任枢密院事兼参知政事的陈俊卿似乎知道贡院拥堵还是怎样，反正景灵宫活动结束后走小路而归，而太子的车队就走原路御街，结果一头扎进了人山人海中，不得进退。他身边的执金吾杖呵斥清道，因考试而焦躁的士子们便一拥而上，折断了卫兵的梃杖，"围车发喊雷动"。太子似乎的确心性孱弱，居然就因此受惊，大病一场。待临安进入夏季，气候炎热，太子又中了暑气。中暑本是小疾，但庸医无能，竟开错了药方。一来二去，堂堂的大宋太子，居然就这么滑稽地去世了。

赵愭去世后谥号庄文，当时下葬在宝林院，也就是今天太子湾公园一带。

孝宗内禅

本来皇太子去世，帝位也轮不到皇三子来继承。乾道四年（1168），皇太子赵愭的恭王府内，李王妃梦见太阳坠于庭中，她在恍惚中用手去接，于是便有了身孕，诞下次子赵扩，也就是后来的宋宁宗。传说宋朝开国之初，杜太后在生宋太宗前梦见有一神人手捧太阳递送与她，后来李太后在生宋真宗前也梦见自己用裙摆接住了太阳。宋人对这些故事非常熟悉、津津乐道，恭王府流出这样的神话传言，预言赵扩将来会当皇帝，自然是恭王自己想争夺嫡位。李王妃"梦日"之说传出之后，更多的流言涌现出来，辗转在临安人的口耳间。有人说一次恭王外出，为一疯癫的军汉所阻，那人自称三王得。而所谓"三王得"，自然是指皇三子恭王得到帝位。孝宗默认这些流言的传播，又迟迟不顺次封第二子赵恺为太子，自然是心属恭王。

乾道六年（1170）新年，豪雨惊雷，大雪纷飞。左谏议大夫陈良翰上奏说是因为太子未立才招此天象。七月，又有太史上奏说，星象有异，宜立太子。右相虞允文知道孝宗的想法，接连两次退朝留班，都向孝宗催立太子，孝宗只推脱说到郊坛祭天再商议此事。于是到十一月五日祭天那日，孝宗单独召见虞允文，重提此事。经过这样一番波折，允文怎么会不清楚孝宗所期待的回答呢，更何况，原太子嫡长子赵挺已经被下令从东宫搬出去了，必定已经排除在立储的名单之外。他恭谨地说，这是陛下的家事，臣不敢参与。当年太宗欲立太子，召见寇准商量此事，最后立第三子真宗为储，其间还不是由太宗一人决定的吗？彼时彼刻，恰如此时此刻啊！孝宗听罢大喜，开始安排起立太子的系列流程。

乾道七年（1171）二月七日晚，孝宗将学士院大门紧锁，令学士们起草立赵惇为太子的诏书。直到这时皇二子赵恺似乎还蒙在鼓里，而且据某些史料笔记的记载，那天赵恺即便获悉父皇要立三弟为太子也已没有机会抵制或抗议了，因为好巧不巧那天太上皇与太上皇后留他在德寿宫过夜。第二天赵恺开开心心离开德寿宫后，才发现三弟已是皇太子，自己改封魏王倒是其次，父皇为了防止他闹情绪，竟然下诏让他出判宁国府（今安徽宣州），要知道大宋开国以来还没有亲王出判的先例。

赵恺向高宗哭诉也无济于事，高宗只是以"官家不好做"这样的话搪塞。三月二十三日，册封皇太子的大典在文德殿隆重举行。南宋大内狭小，宫殿不敷使用，只好一殿多用，根据需要更换大殿的牌匾，大庆殿、文德殿、紫宸殿、明堂殿、集英殿按需悬挂，遇到明堂大礼、正朔朝会、六参起居、百官听麻等大典就挂上文德殿的匾额。赵恺无可奈何，只好离开国都成全父兄。七月，在玉津园内为赵恺举行了饯别宴会，支持赵惇的定策大臣虞允文亲临主持，这对赵恺既是安抚也是警告。玉津园本是御苑，在玉皇山南麓今复兴南苑一带，据说现存的清代古拱桥洋泮桥的位置就在南宋玉津园内。这里依山濒江，景色极佳，但终究位于城南嘉会门外四里地，远离中枢，一如赵恺的人生。在登上远行的马车前，他向虞允文请求保全。淳熙元年（1174），赵恺改判明州。淳熙七年（1180），赵恺病逝。

孝宗越次立储，可见对赵惇的钟爱，这对父子关系更应特别融洽，可谁也不会想到两人的关系会闹到不可收拾的地步。时间流逝，皇太子竟然迫不及待地想继位。高宗在孝宗36岁那年禅位，等到赵惇40岁时，他试探孝宗说自己的胡须已经有白的了，有人为他献上染色的药。孝宗假装不知道太子说什么，说有白须正显得老成，何须药物！赵惇又想通过太皇太后吴氏来提醒父皇退位，吴氏便对孝宗说不如早享清福，孝宗说早有此心，只是赵惇还经不起事。吴氏就把这段对话告诉了赵惇。赵惇听罢此话后却大为激动，一把扯下帻巾，任由长发在空中飘散："我头发都白了，却还说我是孩子！当年翁翁（爷爷高宗）怎么没把父皇当小孩呢？"

淳熙十四年（1187）太上皇高宗去世，孝宗决意为高宗服丧三年，命太子赵惇参决政务。淳熙十五年（1188）正月二日，皇太子正式开议事堂。议事堂由原来的内东门司改造而成，根据流程，太子和宰辅大臣隔日一见，在议事堂商议、决策事务，并一同将官员的折子上交皇帝，得旨行事。孝宗如此安排，是为了能让太子尽快熟悉朝政的处理流程，掌握做皇帝的本事。随着太子参决政事将满一年之期，行事愈有章法，孝宗便命当时的独相周必大着手操办禅位的典礼。淳熙十六年（1189）上元，太上皇后吴氏迁居德寿宫内的慈福宫，腾出了位置。淳熙十六年（1189）二月，孝宗宣布将皇位传于皇太子赵惇，这就是宋光宗，他自己则称太上皇帝，退居由德寿宫改名的重华宫。

高宗吴皇后像

举行禅位大典的那天，宋孝宗身着吉服来到紫宸殿，百官起居左右，鸣鞭声响，宰相奏事。天子起驾，入便殿，百官亦在殿门外列班排好，听得宫内下诏道皇太子可即皇帝位，于是百官称贺，三呼万岁。太子旋即来到紫宸殿，三让三辞，直到接到孝宗圣旨才就座，百官再呼万岁，宰相奏事退场，新皇帝光宗再前往便殿，服侍太上皇孝宗前往重华宫。

从北内返回南内，光宗下诏尊太上皇帝为"至尊寿皇圣帝"，孝宗谢皇后为"寿成皇后"，这场禅让典礼便完成了。此后光宗宣布五日一朝重华宫，孝宗仿高宗例谢绝。次月起，光宗改为每月四朝。次年元日，光宗率群臣为太皇太后吴氏、太上皇帝孝宗、太上皇后谢氏献上尊号册、宝，一派家庭和睦、太平盛世的景象。

郊祀之夜

但光宗不久就与父亲闹翻了，事情与为光宗生了两个儿子的李皇后有关。《宋史》记载，李皇后非常妒悍，一次光宗瞧上一端盥宫女，赞叹其手洁白如玉，几天后皇后便派人送来一食盒，里面正是那可怜宫女的双手。绍熙二年（1191）十一月二十七日壬申，光宗主持了即位后首次祭天地的大礼，祭天的郊坛就是今天玉皇山西南山脚下的八卦田。按照规矩，皇帝必须在祭祀前一天享太庙，受誓戒，之后夜宿南郊的斋宫，不入后宫。李皇后就趁着这个天赐良机虐杀了光宗所宠爱的黄贵妃，施施然跑到玉津园散心去了。

光宗在接到皇后派人送来所谓贵妃暴死的消息后，大为惊恸，

南宋郊坛遗址（八卦田）

只可惜他还必须强打精神，继续明天的祭天仪式。然而那天本来月色澄静的夜晚却突然狂风暴起，吹落灯烛，祭坛先是一片漆黑，继而又不祥地明亮起来。原来是周围帘幕被点燃，光宗就此被围困在火中，而大雨连着冰雹又劈头盖脸地砸了下来。闪电、暗夜、大火、暴雨、雹子，现场乱作一团，待第二天曙光降临时，郊坛已是一片狼藉，连光宗手中的玉圭都不见了。侍从们只顾带他回到大内，却没想到光宗先感悲痛，又受惊吓，既忧天命不佑，又惧孝宗怒火，在这一连串刺激下得了精神病。

光宗颤抖不止，不能认人，只是说着一堆胡话，不得不取消冬至的大朝会。待他渐渐病愈后，李皇后又跑到光宗榻前哭诉。原来孝宗听闻儿子患病，忙问李皇后缘由，李皇后不敢说出前情，只推说道是光宗饮酒太甚。孝宗在忧心忡忡下，迁怒责骂说李皇后不思照顾之责，还声称要将李家灭族。光宗虽说神智较前清醒，但明显还未从对他父亲的恐惧与忌惮中走出。他只听得孝宗在这一段时间内密切关注他的动向，还嘱咐留正好生劝谏，待他过宫后便不要令其还宫，心中早编出了若干自己被害的剧本，又如何敢去见他的父亲呢？

从此，临安城内开始流传光宗不再过宫的流言。无数人的眼睛都紧紧盯着从大内到重华宫的那条车道，期待从轮转的辘声中，窥见一丝来自大宋最高家庭内部的隐秘。所谓"过宫"，就是指南宋第三任皇帝光宗对其父亲孝宗，如今的太上皇所行的定省之礼。"早往则谓之省，暮往则谓之定。"无论循人情还是遵礼法，光宗都需要定期从凤凰山南内到望仙桥的北内重华宫探望父亲孝宗，向全天下展现一个理想和睦的家庭图景，以倡导教化，安定人心。然而绍熙二年（1191）冬至以来，光宗一年也不会去重华宫几次，满朝皆知"车驾久不过宫"。

其实孝宗、光宗父子彻底闹翻背后有着复杂的原因，并不只是李皇后"妒悍"这么简单。光宗即位后，便有人提议立太子。光宗所生三子，长子赵挺和三子赵恪皆早夭，只有那位曾被传言

宋光宗像

光宗李皇后像

　　说"梦日而生"的次子赵扩活了下来,这很难不令人感到天意使然。不过就算没有这一梦兆,赵扩也算是光宗的独子,因而无论是父母光宗夫妇,还是祖父母孝宗夫妇,乃至于高祖父母高宗夫妇,都对他疼爱有加,并不遵循惯例令其出阁,而是在东宫的边上另外建个宅子供他居住,相当于还在皇宫大内里。那么,现在的太子人选,除了赵扩之外还能有谁呢?所以,当光宗再一次收到宰相留正建议立储的奏折后,他虽然嘴上还推脱说要同孝宗商量此事,但并不认为这还会生有什么波折。然而,绍熙二年(1191)夏天这次重华宫会面,却实在大出光宗预料。他惊怒地听到孝宗有意于另一个人选,那就是他的亲侄子,他二哥的次子,在淳熙十六年（1189）正月初三被孝宗封为嘉国公的赵抦。

孝宗一心只觉得赵扩、赵抦都是他的孙子。他絮叨着说道，赵扩略显愚钝，而赵抦属实聪慧，这才是更好的皇帝人选。况且兄终弟及的美谈，在前后经历了北宋太宗传位己子真宗和南宋高宗传位太祖之后孝宗对比案例的大宋，尤显珍贵。然而，孝宗的这一选择，无疑严重损害了光宗的利益，他强按不满，拂袖而去，立太子之事就此不提，以作无声的反抗。其实孝宗不同意立赵扩，除了偏爱赵抦，更主要的原因是不满李皇后。所以在立储问题上排除赵扩，赵抦也不是唯一的选择，孝宗也可以等待光宗宠爱的黄贵妃诞下一子。所以有记载称郊祀之夜李皇后怒杀黄贵妃，是因为黄贵妃当时已有身孕。

李皇后的父亲李道是一位抗金名将，据说李皇后出生时有黑凤停在李道军营前石头上，李道认为这是有凤来仪之兆，为女儿取名李凤娘。后来李道有一次招待善于相面的皇甫坦，叫自己的孩子出来拜见，没想到那道士竟然说李凤娘必将成为天子之母，故不敢受拜。后来李凤娘嫁给了赵惇并生育男孩，赵惇继位后便被立为皇后。李皇后极度得意于她的身份地位以及生育记录，性格也非常张扬，不仅压制住了光宗，教其任她为娘家谋求推恩官职，甚至还敢于和上面两重公婆呛声，风头一时无二。太上皇后谢氏曾以她乘坐肩舆一直行到重华宫内殿拜见孝宗，过于傲慢等语指责皇后，李氏便回嘴道"我是官家结发夫妻"，言下之意是谢氏不过是宫女出身。

李皇后因为母以子贵而盛气凌人得罪了公公、婆婆，公公、婆婆为了打击她而不同意立唯一的皇子为太子，孝宗甚至动了废后的念头，这就造成了南内与北内之间不可调和的矛盾。为了确认孝宗的态度，在一次宫廷内宴上，李皇后直接要求立嘉王赵扩为太子，见孝宗不允，干脆亲自质问道："我是你们用六礼聘来的正妻，嘉王是我亲生的嫡子，怎么就不能让他当太子？"此话如惊雷炸在半空，现场氛围为之一变，孝宗也勃然大怒，宴会就此草草收场。会后，李皇后抱着嘉王就去找光宗，垂泪哭诉太上皇的偏心。不立嘉王的这一行为既不顾惜她娘俩的处境，也没有顾及光宗的体面，甚至怀疑太上皇有废除光宗的计划。绍熙二年（1191）冬至郊祀之后，光宗受惊患有心病，孝宗担忧爱子，便到外面寻来偏方秘药，打算给光宗送去。此举本是好心，却没想到其间有宦官挑唆，让李皇后以为孝宗欲对光宗下手，置他们全家于不利之地，此后李皇后进一步控制光宗禁止他过宫看望父亲，过宫风波愈演愈烈。

绍熙政变

绍熙三年（1192）正月初九，光宗在停药后抱病前往探望孝宗。那天恰逢临安下雪，纷纷扬扬，城里百姓在两旁围观，只见车驾往那重华宫而去，便纷纷称赞起天子的孝顺。孝宗也备感慰帖，嘱咐光宗在病好之前不必来宫。然而这样的温情脉脉随后便为长达七个月的不闻不问所冲淡。每轮到一月四朝该过宫的日子，光宗总是在卫队待命、道路已清、万事俱备的情况下令群臣军民空等良久，最后才轻飘飘地以孝宗应允及其他各种理由来推脱拒绝。长此以往，叫百姓看了笑话还好说，让他们觉得皇家不过如此，甚至仍比不上市井人家来得有规矩才是大事。更何况，儒家素讲究"以孝治天下"，孝宗本人更是孝亲的典范，光宗如此行径，又如何能堪配人君呢？劝谏的折子如雪片一样飞来，光宗却一直置之不理。

十月二十二日会庆节是孝宗的诞辰，光宗在朝臣的苦劝中勉强参加了会庆节前十天的进香仪式，但光宗生日当天再度爽约，宣布太上皇有谕令免上寿，最后只好由丞相留正率领百官前往重华宫贺寿。有心人自然知道光宗这次并非犯病，三天前光宗还愉快地主持了儿子赵扩的生日家宴。此后光宗当然还会偶尔过宫，但与一月四朝的频率相差太远。绍熙四年（1193）九月初四重明节是光宗的生日，光宗本不欲过宫，只在百官的苦劝下才有所触动，决意出行。没想到第二天临走前，李皇后却向光宗劝酒，光宗便又留下了，即便中书舍人陈傅良抓住了光宗的衣角力谏，光宗也没有听从。陈傅良因而大哭道："子谏父不听，则随之以号泣！"这一年的会庆节光宗果然再度称病不出，终于酿成了严重的政治危机。丞相葛邲且依去年例自率百官朝贺孝宗，临安城人见此场景重演，无不感到凄凉义愤。为了抗议光宗的不孝，左右侍从居家待罪，台谏张叔椿、章颖等人上疏请辞，汪安仁等二百一十八位太学生投匦请朝，满城当即舆论汹汹，人人都议及此事。十一月上旬，临安人见到了种种怪象，日中有黑子，太白昼见，地生毛，夜有赤云白气，各种流言层出不穷。

绍熙五年（1194）暮春，光宗带着李皇后及妃嫔出游玉津园，没有邀请孝宗同往，彭龟年痛心疾首，磕头请求至"血渍甓甃"也没能劝得光宗回心转意。孝宗一日登上朝堂露台，听得巷中小儿正争呼"赵官家"，孝宗闻言如万箭穿心，嗟叹道"朕呼之尚不至，尔枉自叫"，自此愈发沉郁起来。五月孝宗健康恶化，群臣请光宗过宫，光宗故态萌发，先允后悔。留正带头请命，甚至拉着皇帝的衣裾追到了皇帝的寝宫福宁殿，终是无功而返，泣涕而出。于是臣僚们组团递上辞呈，纷纷出城待罪，朝中群龙无首乱作一团。至于民间，过宫风波早已传遍城郊，并在口口相传中演变成更加荒唐的宫廷秘闻，于是城内人心惶惶，忧惧出现动乱，其实偷藏细软向外奔逃。

六月初八丁酉夜，孝宗在重华宫病逝。知枢密院事赵汝愚在第二天上朝时才告知光宗，结果光宗"至日昃不出"。父亲太上皇去世，皇帝竟然不打算奔丧，现场之人皆感震怖，大臣们争相拉着光宗的上衣哭诉，"寿皇已经死了，陛下您应该现在就乘坐着车架出去"，光宗却不顾全身衣服都被撕破，跑回大内再也没有出来。六月十三日，留正和赵汝愚谋划让年已八十但尚且神志清楚的太皇太后吴氏垂帘暂主丧事，太皇太后同意代行祭奠，但拒绝垂帘听政。六月十八日，留正和赵汝愚等打算直接请立嘉王赵扩为储，并由嘉王代父行事参决朝政。当天上奏时光宗非常激动。六月二十四日，留正再请立储，光宗御批"甚好"。二十五日留正收到一封御札，有"历事岁久，念欲退闲"等字。对此留正感到十分惶恐，七月初二上朝时假装摔倒在地，次日上奏乞归，并于五更天仓皇乘坐肩舆逃出城去了。

七月初五日为孝宗举行禫祭，太皇太后吴氏垂帘主持。赵汝愚上前再拜，奏称："皇帝生病了，不能执行丧礼。我们臣子请求立嘉王为太子，以安抚人心。"并称光宗有"退闲"御笔，请嘉王赵扩即皇帝位，尊光宗为太上皇，皇后为太上皇后。光宗因为拒绝奔丧始终留在凤凰山南内，但赵扩早就到了重华宫。这时吴氏谕令赵扩登基，赵扩只推辞说"恐负不孝名"。关礼等以赶制的黄袍进献，赵扩一边痛哭一边登皇帝位，这就是宋宁宗。次日，吴氏撤帘，宁宗成为南宋第四任君主。留在南内的光宗完全不知道自己已经不是皇帝了，这个事件就是"绍熙政变"。

新帝即位，光宗被安排迁往泰安宫。泰安宫最初选址在秘书省，后又决定由李皇后的外第改建。但一旦搬迁，光宗"被退位"的消息就瞒不住了。结果这时光宗再犯精神病，认不出前来拜见的儿子宁宗，也认不出他身后的大臣，迁居泰安宫计划就此搁置。后来光宗清醒，却始终无法接受这个事实，拒绝搬迁，于是宁宗只好将光宗所住的寝

宋宁宗像

宫福宁殿改名为泰安宫。

　　宁宗在北内重华宫登基，光宗又不愿意搬迁，所以继位之初相当长一段时间宁宗就在重华宫处理政务。宁宗恢复五日一朝的礼节，只是行走的路线发生了变化，他需要从北内到南内去探视父亲。不过光宗的精神好好坏坏，而且不能原谅政变的大臣与受益的儿子。庆元六年（1200）八月七日庚寅，光宗去世，李皇后则在之前的六月凄凉死去，葬礼乱作一团，尸身被拖延至发臭，不得不以鲍鱼及莲香掩盖之。

庆元党禁

宋宁宗赵扩即位以后，赵汝愚因有策立赵扩之功不断升迁，拜右相。赵汝愚重用信奉理学的官员，请朱熹出任天章阁待制兼侍讲，韩侂胄期望获授节度使，结果只有枢密都承旨的兼官，这使他对赵汝愚十分怨恨，又利用赵扩对侍讲朱熹的厌烦心理，鼓动赵扩罢免朱熹。朱熹在入朝46天后黯然而去，赵汝愚被贬死于永州（今湖南零陵）安置途中。朝廷又下诏道学党徒不得担任在京差遣，这就是"庆元党禁"。开禧三年（1207），史弥远与赵扩皇后杨氏联手在玉津园伏杀韩侂胄，并函送其首级向金乞和。

六和塔山雨欲来

高宗早已离去，孝宗忧愤而亡，光宗在疯癫中被人赶下了台，宁宗如傀儡般被人提上了位。这一场贯穿几十年的皇家大戏，足以令临安城人在过去的岁月里从头追到尾，去嚼舌与咂摸那第一手的流言与风波。宁宗继位后，新一轮政治斗争的序幕已经拉开。

绍熙五年（1194）十月，秋高气爽，木樨花盛，香气满城，是个登高望远的好时节。临安城人可能会选择去城南的六和塔，

经过智昙禅师的翻修，如今它已成为一座可登的七层砖塔。自下
而上，塔身层层收缩，铁铃挂在明暗分明的微翘檐角上，缀在澄
澈碧蓝的天空上。虽说它取"六和敬"与"天地四方"之意，力
求方正端庄，但去过的人都知道，塔内部的有关奇珍异兽、飞天
伎乐、迦陵频伽等的雕花纹饰亦是十分精巧，若细细观摩是足够
打发时间了的。况且透过每层所开的三个小窗，游人还能俯瞰临
安，眺远见着钱塘江浪潮接天的一线雪色。正所谓"今人不见古
时月，今月曾经照古人"。千年过去，潮水依旧，六和塔仍伫立
在之江路畔——不过这就不再为当时人所知了。他们只需要尽情
俯瞰这临安的秋色即可。

　　这天，朝中有些臣僚在六和塔迎接某位似乎十分重要的人
物。风尘仆仆远道而来的是身患足疾的憔悴老人朱熹，这一年他
已经64岁了。朱熹祖籍徽州婺源（今属江西），建炎四年（1130）

六和塔

朱熹像

出生于南剑州尤溪县（今属福建），父亲朱松曾因反对和议忤秦桧。朱熹18岁中举，绍兴二十三年（1153）赴同安主簿任，后来长期授徒讲学，逐渐成为道学领袖。孝宗即位时诏求直言，朱熹即上封事，要求熟讲帝王之学，早定修攘之计。隆兴元年（1163）复召入对，奏事垂拱殿，除武学博士。乾道元年（1165）朱熹请辞，淳熙五年（1178）除知南康军，任上复建白鹿洞书院。淳熙八年（1181）朱熹除提举江南西路常平茶盐公事，因浙东发生饥荒改为提举两浙东路常平茶盐公事，任上因弹劾唐仲友而得罪辅臣王淮。淳熙十四年（1187）朱熹除江南西路提点刑狱公事，次年奏事延和殿，除主管太一宫兼崇政殿说书，朱熹力辞。淳熙十六年（1189）朱熹除知漳州，绍熙四年（1193）知潭州兼荆湖南路安抚使。

绍熙政变发生在朱熹知潭州时，宁宗继位后，赵汝愚极力推荐道学家入朝，说宁宗如果想"进德修业，追踪古先哲王"，只要得到"天下第一人"就可以了。绍熙五年（1194）七月十一日宁宗即召朱熹入都奏事。八月五日宁宗除朱熹为焕章阁待制。朱熹在上了一次辞免状之后，于八月六日东归赴朝。这是朱熹唯一一次入朝任职，开始还是满心得君行道的狂热，不久发现新君亲近的是外戚、近习韩侂胄，而不是前朝的宰相留正、赵汝愚。由富春江进入杭州，在花山与灵山之间的津渡上岸，首先会看到花山南还有一处更低矮的昙山。绍熙五年九月朱熹被召入临安，在富阳舍舟登岸，由陆路赴临安，并在昙山游览了郑涛（次山）的园亭，不知为什么心情相当黯淡，在一方棋枰石上题了首诗："颓然见此山，一一皆天作。信手铭岩墙，所愿君不凿。"然后朱熹从昙山行至城外的六和塔待命。

江西白鹿洞书院

道学领袖抵达临安，在政治上与道学集团立场一致的永嘉名士陈傅良、叶适、薛叔似、许及之、蔡幼学、陈谦等，纷纷前来六和塔与朱熹聚会商议。这时的朝臣都在为新君惯出内批、信用近习而苦恼，他们向朱熹请教对策。朱熹却说："彼方为几，我方为肉，哪里谈得上让我等参与国家大事啊。"他对朝廷险恶的局势似乎已有充分的心理准备，只是从未有一丝妥协与暧昧的打算。

皇位更迭顺利解决后，就到了论功行赏的环节。据说在政变之前，赵汝愚曾许诺让韩侂胄担任节度使，但是在政变成功之后，赵汝愚自己两月三迁，终至右相，并大力拔擢同党道学人士，使之掌握了从朝堂到经筵的要职，却并没有给韩侂胄相应的回报。赵汝愚说："吾宗臣，汝外戚也，岂可言功。"便仅仅任韩侂胄为

昙山朱熹雕像

汝州防御使。这就不能不令后者失望而记恨了。在当时，很多人都注意到了赵汝愚这一不当的举措，如刘弼、叶适、徐谊等人都曾有所劝谏，就连朱熹也写信说："侂胄怨望殊甚，应该厚赏其劳，处以大藩，出之于外，勿使预政，以防后患。"韩侂胄就是一介建州乳母：孩童断奶，礼送出门便完事了，何苦如此严苛，反倒招惹祸处呢？然而，赵汝愚却一直不为所动，他坚信自己真正地在践行着"不以朝廷官爵曲徇人情"的原则，岂可屈心从之！不过，他可能将一切想得太好了。对很多士大夫而言，他们所见到的就是赵汝愚团体的急速扩张与党同伐异，而那些如陈骙、京镗等本就与道学派有隙的官员，其心情就更是如鲠在喉了。于是，在赵汝愚的眼皮子底下，一股其实并不遮遮掩掩的"暗流"汇聚、壮大起来。他们共同拥护韩侂胄向赵汝愚等发动反扑。

　　刘弼首先开了第一枪。他因在绍熙内禅时不得赵汝愚重视而与之结怨。刘弼找来韩侂胄说：赵丞相想独占大功，我看您不仅节度使做不上，将来恐怕还要被流放到岭海那等荒凉之地呢！韩侂胄大惊失色，连忙问计，刘弼便回答说："惟有用台谏尔。"韩侂胄又问，刘弼再回答道："御笔批出是也。"韩侂胄恍然大悟。所谓台谏，就是台官与谏官，即御史台和谏院，后者又包括登闻检院和登闻鼓院。泛泛地讲，它们都是监察和司法机构，有诤谏、弹劾君主和中央、地方百官机构，主持司法与议定法制，以及参决朝政的职能。如果利用得当，那么台谏将成为鼓动舆论的一把利器。而御笔，就是能教韩侂胄狐假虎威，以天子名义发号施令的那块"如朕亲临"的金牌。紧跟着，京镗也来捅了至关重要的第二刀。他因赵汝愚以资历浅薄为由阻挠其担任四川安抚制置使而与其结怨。京镗告诉韩侂胄说："彼宗姓，诬以谋危社稷可也。"赵汝愚是宋太宗长子赵元佐的七世孙，韩侂胄即刻命人大肆炒作有关"小人阴窃主权"的流言。最后的雷霆一击来自赵彦逾，他与韩侂胄同病相怜，虽在绍熙内禅中居功甚伟，却因赵汝愚宗臣不可言功的理由仅仅得封端明殿学士，因而大失所望，恼羞成怒。在出任四川安抚制置使的殿辞中，他特地给宁宗献上一张密密麻麻写有人名的纸条，说这上面都是赵汝愚的党羽。这三板斧下来，宁宗便是再感激赵汝愚的从龙之功，也不能不心中犯嘀咕了。

　　朱熹将这一切看在眼里，急在心底。在他抵达临安时，谢深甫已被韩侂胄安插为御史中丞，欲劾韩侂胄的右正言黄度已被驱逐，而韩侂胄又在和赵汝愚互相举荐御史的斗争中胜利，让刘德秀、杨大法担任了监察御史和殿中侍御史。至此，除却独苗监察御史吴猎，韩侂胄已经彻底掌控了台谏院。朱熹决定在经筵中力行进谏。十月二十三日，朱熹在宋孝宗所设、藏有高宗圣训的焕章阁当面抨击韩侂胄利用台谏、御笔干政弄权的恶劣行径。

灵芝寺一叶知秋

朱熹自认为与宁宗君臣得宜，相处愉快。这一印象一方面来自宁宗在经筵上的表现，据说一次朱熹曾问宁宗进学感悟如何，宁宗回答说："大要在求放心耳。"此语正中朱熹下怀，他大为欣喜，在激励了帝王须身体力行后，还跟自己的门徒们说："上可与为善。若举得贤者辅导，天下有望矣！"那么，谁是贤者呢？可不就是朱熹、赵汝愚等人吗？而且宁宗看起来的确对朱熹恩遇有加，十月十七日朱熹授朝请郎、赐紫金鱼袋，闰十月八日又封婺源县开国男。

朱熹所不知道的是，宁宗内心对朱熹的指手画脚相当厌恶。宁宗在绍熙五年（1194）七月四日在重华宫孝宗灵柩前即位后，因父亲光宗精神失常和拒绝接受的缘故，一直滞留北内没有回到凤凰山的宫城里，总觉得自己这个皇帝当得有点名不正言不顺。宁宗想回到南内，朱熹等人却劝宁宗留在北内。韩侂胄觉得朱熹的言行非常可笑，他对宁宗说："陛下千乘万骑，而熹乃欲令一日一朝，岂非迂阔。"并从皇帝"全享万乘之尊"的角度力促宁宗移御南内居福宁殿。

韩侂胄得知朱熹在宁宗面前直接攻击他，便立即展开反击。他命令戏子穿上峨冠博袖，在御前假扮朱熹，作出种种的夸张丑态来，并再一次强调朱熹的"迂阔不可用"。朱熹抨击韩侂胄利用台谏、御笔干政弄权，但韩侂胄得到宁宗的支持，御笔便是圣旨，因此毫无忌惮，并怂恿宁宗以御笔罢免朱熹。于是，在朱熹于闰十月十九日晚讲后再度催促改过后，宁宗大笔一挥，写下内批"朕悯卿耆艾，方此隆冬，恐难立讲，已除卿宫观，可知悉"。话虽然说得客气，好像是关心朱熹，其实是让朱熹立刻收拾铺盖回家。赵汝愚本想来劝和，押下御笔不下达，甚至又以罢政相逼，结果火上浇油。僵持两天后，韩侂胄命内侍省都知王德谦封好御笔直接送达朱熹。

　　御笔对朱熹是一记响亮的耳光，朱熹立即上奏辞朝并连夜出城等待朝廷批准辞呈。那晚朱熹住在涌金门外的灵芝寺，灵芝寺就在现在柳浪闻莺景区的钱王祠，是朱熹入都前一两年刚刚扩建的，平日里接纳学生士子借宿。第二天叶适、李壁等同僚前来饯行。由于采用非常手段驱逐朱熹，很多朝臣开始还不知道发生了什么，后来宁宗解释他驱逐朱熹的原因："初除朱熹经筵尔，今乃事事欲与闻。""朱熹所言，多不可用。"道学集团如梦方醒，立即发起声势浩大的留任朱熹的援救行动。闰十月二十二日给事中楼钥在《论朱熹补外》中批评宁宗专断虚伪并封还录黄，起居舍人邓驲面奏力争，起居郎刘光祖斥问宁宗："陛下初膺大宝，招来耆儒，此政之最善者，今一旦无故去之，可乎？"二十四日中书舍人陈傅良再次封还录黄，宁宗无奈之下于二十五日改除朱熹宝文阁待制，与州郡差遣。道学集团又连番上疏恳请宁宗回心转意，校书郎项安世更是率领馆职之臣联名上书痛斥宁宗"是示天下以不复

钱王祠（灵芝寺遗址）

朱熹昱山题刻拓片

用贤……是示天下以不复顾公议也",而监登闻鼓院游仲鸿将矛头直指韩侂胄,"愿亟还朱熹,毋使小人得志,养成乱阶"。

朱熹未尝不知道这几天朝堂几乎炸了锅,为他的辞呈进行着唇枪舌剑,但不想留他的是皇帝本人,所以一切努力都无济于事。朱熹在饯行席中黯然吟诵离别的古诗:"生平少年日,分手易前期。及尔同衰暮,非复别离时。勿言一樽酒,明日难重持。梦中不识路,何以慰相思。"然后一大群学生一直送行至朱熹登舟,朱熹领着他们重游昱山郑涛园亭并留下"绍熙甲寅闰十月癸未,朱仲晦父南归"的题刻。今天朱熹的昱山题刻被作为杭州市文保单位加以妥善保护,昱山公园还重刻了朱熹入朝时"颓然见此山,一一皆天作。信手铭岩墙,所愿君不凿"的题诗,并在题诗的崖壁前塑造了迎送朱熹的群体雕像。

朱熹返还考亭后加紧整理平生思想著述。两年后,朱熹在庆元党禁中被打为伪学罪首。庆元六年(1200)三月,71岁的朱熹病逝。这时庆元党禁尚未结束,四方道学信徒相约会葬道学党魁,朝廷下令守臣约束。十一月朱熹葬于建阳县黄坑大林谷,参加会葬者仍然有近千人之多。

三元楼题诗讽刺

彩画欢门，红绿杈子，绯绿帘幕，贴金红纱栀子灯，这是南宋时清河坊、羊坝头一带中瓦子的热闹情形。这里的三元楼由康、沈两家经营，是临安城当时最负盛名的私家酒楼之一。据说由主廊进去，便见花木森茂；步行一二十，兀现南北两廊；齐楚阁儿中，才隐约闻得莺声燕语，酒座高谈之声。客来如云，酒楼开至夜晚是常有的事情，三元楼点起灯光烛火，上下两相映照，遥望楼阁上数十浓妆歌姬宛若神女。庆元二年（1196）春天，三元楼闹出了不小的骚动。有位叫作敖陶孙的太学生醉酒兴起，挥毫在屏风上写下讽诗，发现被人举报后，便假冒酒保逃走了。人虽未抓到，但诗已经被传得满城皆知了："左手旋乾右转坤，如何群小咨流言？狼胡无地居姬旦，鱼腹终天吊屈原。一死固知公所欠，孤忠幸有史长存。九原若见韩忠献，休说渠家末代孙！"

这首题诗说的是赵汝愚被韩侂胄贬死的事情。朱熹离朝后，彭龟年也因上书而遭贬出京，立场有所摇摆的陈骙亦被韩侂胄用余端礼取代。赵汝愚至此已经陷入完全的孤立境地，他立即接连上书请辞，却一直未得到宁宗的应允。当时有流言说，绍熙政变之前甚至有人想拥戴赵汝愚称帝，这样险恶的谣言就是欲置赵汝愚于死地。庆元元年（1195），李沐以同姓居相位将不利于社稷为由参劾赵汝愚，赵汝愚出知福州，不久罢为宫祠，赵汝愚引进的理学官员全遭贬黜。

赵汝愚被罢相时，临安城中已经群情激愤，韩侂胄即使指挥党羽将任何上书求情的人全部弹劾罢官也无济于事。国子祭酒李祥和博士杨简以赵汝愚的从龙之功为其辩护，很快被劾免。太府寺吕祖俭见李祥、杨简被贬，上书弹劾，最后自己也被投往韶州。韩侂胄威胁说，再有救吕祖俭者流放新州，然而三天后以杨宏中为首的六名太学生再度实名上书，并将副本分发到各侍从、台谏手中，六人最后被贬至太平州，史称"庆元六君子"。韩侂胄虽

杭州"南宋御街"（三元楼即位于御街旁）

然每次都能轻易击败对手，但好像都没有办法将之彻底根除，因此开始考虑如何将潜在的异己分子一网打尽。

在庆元六君子案事发不久，学士院傅伯寿奉命草拟了诏书，称有一批士大夫"怀背公死党之恩，蔑尊君亲上之义，谀佞侧媚以奉权强，诡僻险傲以钓声誉，倡说横议，贪利逞私，使毁誉是非，混然淆乱"，从而揭开了庆元党禁的序幕。

赵汝愚罢相后，先后接到知福州、提举临安府洞霄宫的任命，但最后朝廷以赵汝愚自称梦见受鼎乘龙有不轨之嫌将他贬谪于永州。在被驱赶的过程中，赵汝愚先是前往浙江亭待罪，后被押回都堂论罪，继而又被远贬，完全没有为自己辩护的机会。赵汝愚意识到自己可能将被置于死地，对送行的人说："看侂胄用意，必欲杀我。我死，君等方可无事。"庆元二年（1196）正月，已经生病的赵汝愚在衡州被守臣钱鏊困迫，猝然逝世，享年五十六岁。朝野得到这个消息"莫不愤叹，以至流涕"，而这时的韩侂胄已经获授保宁军节度使，升为开府仪同三司。

这一年科举考试，考生们拿到的策问考题是"问安刘者乃重厚少文之人"，这显然是让考生在赵汝愚与韩侂胄之间表明政治立场，宣扬宁宗的定策功臣是韩侂胄而不是赵汝愚。而且由于理学被打为"伪学"，这次答卷中若用了朱熹推崇的四书的内容也将遭到黜落。正是在这样的背景下，太学生在三元楼写下了"一死固知公所欠，孤忠幸有史长存。九原若见韩忠献，休说渠家末代孙"的诗句褒赵而贬韩。

为彻底打击政治异己，刘德秀、何澹等人上书要求审查理学"真伪"。庆元二年（1196），赵扩下诏禁止在省试中以道学取士，朱熹被韩党攻击有不忠、不孝、不仁、不义、不恭、不谦六大罪状，又诬以"诱引尼姑以为宠妾"。庆元三年（1197），宋廷下诏"伪学"之徒不得担任在京差遣，并清查近年各科进士及太学优等生中的"伪学之党"，这就是"庆元党禁"。据后人的追述整理，庆元党禁的党人名单包括宰执赵汝愚、留正、周必大、王蔺等4人，待制朱熹、陈傅良、彭龟年、楼钥等13人，其他官员包括叶适、刘光祖、吕祖俭、杨简等31人，武臣3人，士人蔡元定、吕祖泰等8人，总计59人。这些人均被韩侂胄视为政敌，未必均是理学信徒。随着韩侂胄权势巩固，嘉泰二年（1202）开始放松伪学之禁，追复赵汝愚、朱熹、周必大、留正等人的官职，说明庆元党禁并非政治思想斗争，只是赵汝愚与韩侂胄权力斗争的工具。

归耕庄狗叫尚书

"死去元知万事空，但悲不见九州同。王师北定中原日，家祭无忘告乃翁。"在写下这篇绝笔时，不知道陆游有没有想起临安庆乐园中的几株木樨。

庆元三年（1197）二月丙午，太皇太后吴氏将南山别园赐给韩侂胄，这里地处今天南屏山东麓、长桥公园以南的长桥溪水生态修复公园，邻山面湖，"天造地设，极湖山之美"，韩侂胄将其改名南园。当时正是韩侂胄权势最盛的时候，他自有大把时光、心思与财富来好好地雕琢这一珍宝，南园很快成为临安最精美的园林，"自绍兴以来，王公将相之园林相望，莫能及南园之仿佛者"，陆游形容"奇葩美木，争效于前；清泉秀石，若顾若揖。于是飞观杰阁，虚堂广厦，上足以陈俎豆，下足以奏金石者，莫不毕备。升而高明显敞，如蜕尘垢；入而窈窕邃深，疑于无穷"。南园中造景工艺水准最高的是积石为山的"西湖洞天"，应该是水洞相连的叠石景观。南园最恢宏的"许闲堂"由宁宗御书，其他如射厅曰"和容"，台曰"寒碧"，门曰"藏春"，阁曰"凌风"，堂之名则有"夹芳""豁望""鲜霞""矜春""岁寒""忘机""照香""堆锦""清芬""红香"。这些名字都来自韩侂胄曾祖父韩琦的诗文，比如"清芬堂"就出自诗句"所爱夜合者，清芬逾众芳"。

不过南园里发生的事可远远谈不上"清芬"。韩侂胄既权倾朝野，便经常邀请亲近左右前来游园，阿谀者甚多。一次韩侂胄和宾客们在南园饮酒，路过"归耕之庄"景点，这里仿模乡野景色，"潴水艺稻，为囷为场，为牧羊牛、畜雁鹜之地"。为了炫耀造景的特别立意，韩侂胄说这里和农家田野倒是很像了，就是缺点鸡鸣狗叫之声，"此真田舍间气象，所惜者欠鸡鸣犬吠耳"。结果不一会便有犬吠响起，原来工部侍郎赵师𢍰已蹲坐地上模仿狗叫。韩侂胄不禁大笑，不久就提拔他当了工部尚书，赵师𢍰也因此被称为"狗叫尚书"。另一位许及之为了给韩侂胄祝寿，不惜钻了狗洞，被提拔为同知枢密院事后，被时人讥笑为"由窦尚书、屈膝执政"。

庆元党禁后，韩侂胄的地位不断上升，先后加少师、太师，封平原郡王，拜平章军国事，位在宰相之上。官员们为讨好韩侂

长桥溪水生态修复公园（南园遗址）

胄上演的奴颜屈膝的滑稽剧层出不穷,杭州民众早已嫌恶不已。据说有小贩摹印乌贼出没于潮水中的图案出售,然后教小孩们沿街唱"满潮(朝)都是贼,满潮(朝)都是贼"。又有卖浆者吆喝"冷底吃一盏,冷底吃一盏",冷即寒,是指韩侂胄,盏即斩,预言他会被斩头。

韩侂胄当然不在意民众的冷嘲热讽,真正让他感到担忧的是韩皇后的去世。宁宗韩皇后是韩侂胄侄孙妇,与太皇太后关系亲密,也是韩侂胄掌控朝政的后宫奥援。换言之,韩侂胄其实是以定策功臣与后戚的双重身份成为权臣的。但是随着嘉泰元年(1201)韩皇后去世,嘉泰二年(1202)宁宗立韩侂胄并不支持的杨贵妃为皇后,导致韩侂胄与杨皇后及冒认杨皇后兄长的杨次山之间的权力冲突,这时韩侂胄意识到自己面临着一场空前的权力危机。

当时金国遭新兴蒙古部族的进攻,国内叛乱时有发生,势力有所衰落。韩侂胄既为了重新巩固权力,又认为金国衰落,有机可乘,开始准备北伐,征兵马,备兵船,训练军队,并起用辛弃疾、叶适、陆游等抗金人士,追封岳飞为鄂王,削秦桧的爵位并改其谥号为"谬丑",激发南宋军民的抗金情绪。自靖康之难以来,中原的沦陷与接连的战败,已经成为无数南宋士人心中永恒的痛!尽管人人皆知这里面有太多别的考量,但韩侂胄的这一行为,终究是给了那些沉寂已久的主战派一线曙光,于是他们纷纷聚集在韩侂胄的旗帜下,只求能推动光复中原的大业。据说南园完工后,为缓和与道学集团的关系,韩侂胄写信邀请杨万里撰写《南园记》,并许以高官,结果杨万里断然拒绝。韩侂胄大为失望,转而又致信早已致仕山野的陆游撰写《南园记》,74岁的陆游竟然接受了。

开禧元年(1205)冬,金使晋见宁宗时态度傲慢,引起宁宗和朝臣不满,宁宗更加积极支持韩侂胄北伐。自开禧元年(1205)起,宋军在朝廷的鼓动下,开始挑起一系列争端。金朝虽然希望避免战事,表现克制,但也开始进行战前准备。开禧元年(1205)

六月下旬，宁宗诏拜韩侂胄为平章军国事，后者的权柄因而进一步膨胀，掌三省印信，设机速房于枢密院，以亲信班子掌管前线军事。

开禧二年（1206），宋廷不顾部分朝臣反对，部署三路军队伐金。四月，宋军未宣便战，东路军攻克泗州（今江苏临淮东），中路军进占新息（今河南息县）、内乡（今河南西峡）等地。南宋方面大喜过望，以为恢复之日近在眼前，五月七日，宁宗正式颁布北伐诏书，称"天道好还，盖中国有必伸之理；人心助顺，虽匹夫无不报之仇"。在强烈的民族主义情感下，这份诏书不仅被传至金廷，更是迅速地在临安城里复印、流传。然而宋军的高歌猛进到此为止，金朝迅速任命平章政事兼左副元帅仆散揆为主帅，并由此以河南行省为中心形成东、中、西三路大军，分别狙击宋军，宋军攻势因而很快遭到遏制：中路在五月初进攻蔡州便遭溃散，东路在五月中下旬宿州之役的大溃败后便基本丧失了进攻能力，西路则于九月下旬攻秦州不成反被追杀后一蹶不振。开禧二年（1206）十月一日，仆散揆下令，宋金之间彻底攻守易势，金朝九路大军全面进攻宋朝，再次饮马长江。开禧二年（1206）十二月十一日，吴曦叛变，大散关失守，四川门户大开，朝野闻之色变。

在此之前，仆散揆其实就已经通过韩侂胄的族人，率先向宋廷提出了议和的意向，但由于金方的要求是称臣割地，献首祸之臣，宋方在韩侂胄当朝的情况下，也只有将战争继续下去。然而随着仆散揆病逝，继任的宗浩率金军再度进逼襄阳，南宋北屏岌岌可危，韩侂胄也只有低下头去，静候命运的裁决。开禧三年（1207）二月，原萧山县丞方信孺出使金国，一路上他虽受尽了金方的威逼和恐吓，但那句"吾将命出国门时，已置生死度外矣"终究不沦为虚话。然所谓弱国无外交，在半年多的两地往返和唇枪舌剑中，他仍然只能在条款的细节上进行修正。九月，方信孺还朝复命说："割两淮一，增岁币二，犒军三，索归正等人四，其五不敢言。"

在那一刻，整个朝堂都肃静了。韩侂胄额头上冒出薄汗，心脏在不祥的预感中不断地向下坠落。他再三地逼问，至于最后厉声咆哮。"欲得太师头耳"，方信孺回应说。朝堂迅速由肃静转向死寂。在极度的惶恐与愤怒下，韩侂胄破口大骂，将方信孺贬到临江军居住，并决意重新用兵。一系列有关军事战备的人事调度便在九月开始了，十月十四日，宁宗正式在韩侂胄的主持下发布诏令说"和议未成，虏多要索之故"，要求"有以国毙"，大家一起来做最后的一搏。然而，韩侂胄或许没有想到的是，随着北伐的失利，他的威信已经如同雪水一般迅速消融。和议真正威胁到的人是韩侂胄，而不是其他人。于是，很多朝臣开始认真思考起这一要求的可行性了。归根到底，即使权倾朝野如宰相，在人心普遍认为回报大于付出的危机下，也不过是个更大号的献祭品罢了。

这年冬月，南园里又开起宴会。有人献上傀儡戏，时称"迎春黄胖"。韩侂胄想来当时已经风头日衰，渐显憔悴，但还是打起精神，扭头对一个任为院判的族子说道，你且作一首诗来。于是那人吟道："脚踏虚空手弄春，一人头上要安身。忽然断线儿童手，骨肉都为陌上尘。"此话正中韩侂胄心病，惊恐之下，宴会草草结束。

理宗继位

嘉定和议后不到一年，史弥远由礼部侍郎升为右相兼枢密使。拜相后不久史弥远因母亲去世，丁忧守丧。钱象祖由此独相，但10天后被劾出朝。次年五月，忠义军统制罗日愿策划捕杀史弥远未遂，史弥远担心难以控制政局，便不顾儒家礼教，重新出任宰相。史弥远处死罗日愿等，并为博取人心，在清除韩侂胄党羽的同时，平反庆元党禁，赵汝愚赐谥"忠定"，朱熹赐谥"文"，起用黄度、楼钥、杨简等知名庆元党人，招揽真德秀、魏了翁等道学名士。同时史弥远加紧擅权，独揽宰相与枢密使大权，废除宰执合堂共议的政事堂制度，严控官员任命，培植个人势力，操纵台谏，控制言路，宁宗几乎成为史弥远的傀儡。华岳因上书言史弥远对外乞和苟安，对内擅权专政，遭史弥远杖杀。宁宗去世后，史弥远更通过擅立理宗继续掌握政权。

玉津园刺杀

在开禧三年（1207）十一月二日这天，韩侂胄奇怪地发觉有很多的意外找上门来。先是周筠对他说自己听得一些风声，要他早作准备。接着张镃参加韩侂胄为三夫人举办的生日宴会，一直拉着他喝酒，当晚便睡在了自己府上。待到东方既白，韩侂胄头痛欲裂地爬起来打算去早朝，周筠又来劝他勿行。韩侂胄实在感觉腻烦，气咻咻地挥袖上车去了。历史不能假设，无从知道那天韩侂胄如果未去早朝，宋朝的历史将会如何演变。南园只是韩侂胄的别墅，其府第在太庙边上，离皇城距离很近。他不知道那天上朝时他的府邸已被禁军包围。

庆元六年（1200）宁宗韩皇后逝世后，韩侂胄急需在宫中另寻助力。韩侂胄支持宁宗册立宠爱的曹美人为后，但手腕高超的杨贵妃最终问鼎皇后的宝座，韩、杨从此结怨。在开禧北伐中，杨皇后一直秉持反对的态度。原本她的立场一直为宁宗所轻视，但随着战事进展不利，她逐渐意识到自己完全可以利用朝中迅速转变的舆论风口，谋划更大的好处。开禧三年（1207）秋，这个时机成熟了。由于韩侂胄喊着"有以国毙"拒绝议和，朝野上下人心惶惶，去除韩侂胄与金人议和的声音开始成为南宋的主流。

杨皇后命后来冒认为兄长的杨次山去外朝寻找支援，而杨次山找到了史弥远。史弥远时任礼部侍郎，他的另一个职位是资善堂翊善。宋宁宗子嗣多夭，无奈仿效高宗旧例，领养太祖长子赵德昭的十世孙赵与颙入宫，改名为曗，听读资善堂。史弥远任资善堂直讲、翊善，是少年皇子亲密的老师。因为赵曗的关系，杨皇后与史弥远的关系就拉近了很多，再说史弥远从来反对开战，又与韩侂胄有隙，所以爽快地加入了杨皇后的政治集团，与史弥远同时被拉拢的还有参知政事钱象祖、礼部尚书卫泾、著作郎王居安和前右司郎官张镃等。

韩侂胄的处境危如累卵，这是明眼人共同的判断。据说一位幕僚曾告诫韩侂胄，现在皇后之立既未出其手，皇子之立又未出其手，道学集团在庆元党禁中尽遭贬斥，三军百姓又在开禧北伐中遭受战败与兵乱，众怒汇集，韩侂胄已祸在旦夕，不如劝宁宗早立太子再行禅让，然后辅佐新君更始新政，安抚士人，遣使议和，犒慰军卒，从而转危为安。当然要实施这样的计划，对韩侂胄而言已是难上加难。

这时的杨皇后已经取代韩侂胄获得了制造御笔的权力。十一月二日，御笔是由史弥远通过钱象祖转递至中军统制权殿司公事夏震手中的。夏震接到御笔后，选兵三百埋伏于六部桥，并抽数十精兵前置，由护圣步军准备将夏挺在太庙门口先行截住韩侂胄车驾。南宋太庙位于今中山南路西侧太庙巷以北、察院前巷以南、瑞石山以东的区域，韩侂胄的府第就在太庙的一侧。从韩府前往皇城，必须经太庙而行至御街。十一月三日，韩侂胄的车驾缓缓行来，等前面的侍卫经过，夏挺便率埋伏的精兵直奔韩侂胄车驾，然后推搡裹挟着韩侂胄走向西折的岔路六部桥。韩侂胄极力地辩驳说那个罢免并押解他出城的御笔是假的，但在夏挺与六部桥的三百军士汇合后，韩侂胄只能坐以待毙。

韩侂胄被挟持出候潮门向南折去，这才意识到大事不妙，军士的行动计划并不是简单的将其罢官免职。这时极力挣扎、许诺高爵、质问缘由都已无济于事，这支队伍浩浩荡荡地出城，来到了玉津园。玉津园原是钱塘江畔的皇家园林，在南宋临安城嘉会门南，今之江路、洋泮路一带。玉津园本是北宋时期东京的御园，绍兴十七年（1147）在临安重建，靠山沿江，景色极佳，南宋诸帝常在此举行宴射礼。在南宋玉津园遗址，尚有一座明万历年间重建、已被列为杭州市文物保护单位的单孔石拱桥——洋泮桥。南宋初年，这里是朝廷举行宴射的场所，并留下了大量即兴应制诗篇，诸如"参天宫柏翠，布地禁花红。台沼如文囿，规摹有汴风""天子行春御六龙，五云回暖泛晴风。和鸾宝苑梅花路，剩有香传玉座中"之类。

韩侂胄被拖入玉津园的夹墙，在一处叫磨刀坑的地方由郑发用铁鞭击杀。据说韩侂胄死后的几天内，宁宗居然对此一无所知，而史弥远等人也假作不知，只是上奏要求对韩侂胄加以贬谪重刑。一个由右丞相钱象祖、参知政事卫泾、参知政事雷孝友、签书枢

太庙巷（韩侂胄宅遗址）

洋泮桥（玉津园遗址）

密院林大中、知枢密院事史弥远等人构成的新宰执团体，在嘉定元年（1208）已经形成，他们所有的行为也得到宁宗的追认。时人嘲讽此事说："释伽佛中间坐，胡汉神立两旁。文殊普贤自斗，象祖打杀师王。"

净慈寺密谋

"师王"被打杀后，满天神佛又开始了内斗。陈自强、许及之、薛叔似等韩侂胄党羽率先被赶出朝廷，此前立场不坚定的李壁、王居安随后也被淘汰。史弥远最终将钱象祖、卫泾等人也排除出局，成为继韩侂胄之后的另一位权相。当然分享诛韩后权力的还有杨皇后与皇子赵曮。诛韩同月，赵曮被册封为太子，并自嘉定元年（1208）闰四月起，开始参决朝政。嘉定元年（1208）十一月，史弥远母亲去世，太子赵曮不愿在政斗最激烈的关键时期失去史弥远的策应，上书请求宁宗就地赐下府邸供史弥远服丧。这个提议并没有被采纳，但参与玉津园之变、在前期与史弥远势均力敌的左相钱象祖终被罢相。嘉定二年（1209）五月，史弥远被夺情起复，任右丞相兼枢密使兼太子少师，从此史弥远再也没有离开权力中心，直到绍定六年（1233）去世。

这时杨皇后、史弥远、赵曮构成了联合执政的局面，但嘉定十三年（1220）八月，29岁的太子赵曮病逝，而且膝下无子。嘉定十四年（1221）六月十三日，宁宗领养了本已入嗣沂王府的太祖十世孙赵贵和，沂王就是孝宗次子赵恺之子、本来有机会与宁宗争夺皇位的赵抦。据说当年太皇太后吴氏说过赵扩（宁宗）、赵抦按长幼轮流当皇帝的话，这可能是宁宗立沂王府嗣子为皇子很重要的一个因素。入宫后赵贵和改名赵竑，本来赵竑应该成为南宋的第五位君主，但他对史弥远似乎抱有极大的仇恨。据说史弥远希望与赵竑保持良好的关系，但他

史弥远像

不放心，所以安排了一个奸细探视新皇子。赵竑好鼓琴，又喜美色，史弥远便买来一位擅长弹琴的美人送给赵竑，并暗地里嘱咐美人将赵竑的言行一一记下报告于他。不久，这位备受宠爱的美人报告史弥远，赵竑素无避讳，曾拿着地图，指着如今广东一带的恩州和新州的地方说，将来我一定要把史弥远流放到这里，并因此称呼史弥远为"史新恩"。史弥远还想改善关系或者试探皇子，在七夕节送上奇珍巧玩，却被赵竑乘着醉酒摔碎。

史弥远大为忧惧，开始考虑另立储君。不过据学者考证，史弥远其实早在景献太子赵曮去世前就已经开始物色人选了，赵曮对他的仇恨可能只是事后形成的一套话术。史书上通常的叙述是，嘉定十二年（1219），史弥远府上的家庭老师余天锡回乡乡试，史弥远命他暗中在宗室中寻访合适的人选。余天锡与一位僧人乘舟渡江，在抵达绍兴府西门时为大雨所阻，便听从僧人的建议，到一全姓保长那里暂避。全保长殷勤地招待了他们，并向他们介

净慈寺

127

绍居住在他家中、被相士认为他日
必将大贵的两个外甥。询问之下，
余天锡得知两人正是赵氏宗室赵与
莒与赵与芮，他们是太祖次子德昭
的九世孙，辈分与赵竑相当。回到
临安后余天锡将居住在全家的两个
宗室上报史弥远，史弥远又在临安
召见两人并命其写字，赵与莒顺手
挥写"朕闻上古"四个大字。史弥
远以为这是天命所归，便开始谋划
废立之事。

嘉定十四年（1221）九月，赵
与莒被继立为沂王府嗣子，赐名贵
诚。韩侂胄去世后，南屏山东麓的
南园被朝廷收回改称庆乐园。南屏

南屏山南宋慧日峰摩崖（净慈寺藏）

山北的净慈寺这时已经以烟寺晚钟的声闻景观列入西湖十景，与
"南屏晚钟"隔路相对的则是西湖的另一胜景"雷峰夕照"。净慈
寺是南宋评定的禅宗五山第四，南宋一代屡焚屡建。嘉定十四年
（1221）净慈寺再次重建，嘉定十六年（1223）史弥远趁在净慈
寺给父亲史浩做佛教法事时，邀请时任国子学录的同乡郑清之登
上慧日阁议事。屏退众人后，史弥远直言不讳地说：现在的皇子
赵竑不堪大用，尚未立嗣。我且选你去担任沂王府上的皇侄赵与
莒的择讲一职。若你能好好教导，将来事成之后，今日之我，便
是明日之你。郑清之连道"不敢"允诺了此事，开始往沂王府指
导赵贵诚写文章，又临习高宗的书法。赵贵诚学得很快，郑清之
每次见史弥远都拿着赵贵诚的诗文翰墨赞不绝口。史弥远不禁好
奇，问郑清之到底怎么评价赵贵诚，"吾闻皇侄之贤已熟，大要
究竟何如"，郑清之的回答是"一言以断之曰，不凡"。史弥远因
而大喜过望，谋立赵贵诚的意志更加坚定。

万岁巷皇子

当时朝中有一位道学家真德秀曾经当过皇子赵竑的老师，他意识到史弥远对赵竑的不满可能招来灭顶之灾，多番苦劝赵竑与史弥远改善关系，无奈赵竑置若罔闻。嘉定十五年（1222），史弥远在确定赵贵诚的龙飞潜质之后，开始对赵竑展开反击，不断散布赵竑"溺女嬖、狎群小、傲诞淫亵"等诋毁之语，据说真德秀因此辞职离开了朝廷，临走时再次警告赵竑孝顺母亲、礼敬大臣，这样才能让天命必归，否则前途深可忧虑。真德秀警告赵竑要孝顺母亲，这是因为他发现赵竑与杨皇后的关系也非常紧张，特别是赵竑迎娶高宗皇后吴氏的侄孙女后夫妻关系不睦，杨皇后调解无效，因此对赵竑颇为不满。

嘉定十七年（1224）闰八月二日宁宗病逝。这时赵竑仍未被立为太子。实施废立计划当天晚上，史弥远先派郑清之前往沂王

华光路（南宋万岁巷）

后市街高银巷小学（南宋沂王府遗址）

府询问赵贵诚的态度。赵贵诚闭口不言，在郑清之的反复追问下，他才看似答非所问，实则滴水不漏地回道"绍兴老母尚在"。这句话既没有表露出自己的野心，也没有抵触史弥远擅行废立的计划，只是显示了自己的孝心与成为君主的优良潜质。史弥远因而大为赞叹，与郑清之秘密召直学士院程珌入宫，三人共草拟诏书25道，伪称宁宗临终前改变主意，要将帝位传给皇侄，因此将赵贵诚封为皇子并改名赵昀。

天色微微泛白，郑清之之子郑士昌被派前往去迎接新君，临走前史弥远一再嘱托说：要迎回来的是沂靖惠王府的皇子，而不是万岁巷的皇子！如果迎错了，你们都要被处斩！沂靖惠王府里的皇子是赵昀，万岁巷里的皇子是赵竑。南宋的万岁巷在今河坊街不远处的华光路，因为曾经是宁宗的潜邸而称万岁巷，赵竑立为皇子后也居住于此。赵昀居住的沂王府则在稍北的后市街一带，因此从南端的皇宫前往沂王府迎立赵昀的队伍势必要路经万岁巷。

这时赵竑已经获得宁宗去世的消息，正焦虑地等待入宫继位。但迎立的队伍经过万岁巷而不入，实在令他困惑不解。这时郑士昌已经带着卫兵将赵昀迎回宫内。赵昀进入福宁殿，杨皇后已经在那里等待。在车队出发后，史弥远便通过杨谷、杨石来联系他们的姑姑杨皇后，请求她的支持。杨皇后本来坚决不允，直到二人跪着哭诉说，大势已定，若再不应允，杨氏一族必有大祸，杨皇后这才同意。见到赵昀，杨皇后拍拍他说"你便是我儿了"，于是赵昀在宁宗灵前主持哀礼。赵昀立即在宫中即位，这就是南宋的第五位皇帝宋理宗。这时赵竑才被带进宫中，赵竑不明就里，本以为自己应该主持丧礼，结果被拉着到原先的班列中听取遗诏，而赵昀已经坐在御座之上。由赵昀继位的所谓遗诏宣读之后，赵竑意识到自己已被废除，他想抵制，坚决不肯向赵昀行跪拜礼，结果被夏震强行按下头去。

数日后，赵竑被封为济王，赐第湖州，被撵出临安府。史弥远擅行废立，引起朝野强烈愤慨。宝庆元年（1225）正月，湖州太学生潘壬、潘丙兄弟等组织太湖渔民和巡卒数十人，乘夜进入湖州城，找到济王赵竑，强加黄袍于其身。赵竑不从，潘丙以武力胁迫，济王被迫即位，知湖州谢周卿率官员入贺赵竑登基。此前，潘氏从兄潘甫曾到淮北争取忠义军李全支持，与李全相约进兵支援。当夜起事者以李全名义揭榜州门，声讨史弥远擅自废立之罪，号称将领精兵20万水陆并进，进攻临安。但李全军队未至，天亮后赵竑发现拥立他的是一群渔民和巡卒，根本不可能成功，便派

宁宗杨皇后像

人向朝廷报告，并亲
率州兵平定，潘氏兄
弟先后遭捕杀。湖州
有霅川流经，这次事
变史称"霅川之变"。
史弥远为绝后患，逼
赵竑自杀，并杀其子。

　　史弥远师从杨简、
吕祖谦，其正室潘氏
之父潘時也与朱熹、
张栻、吕祖谦有所交
往，潘氏的兄弟潘友

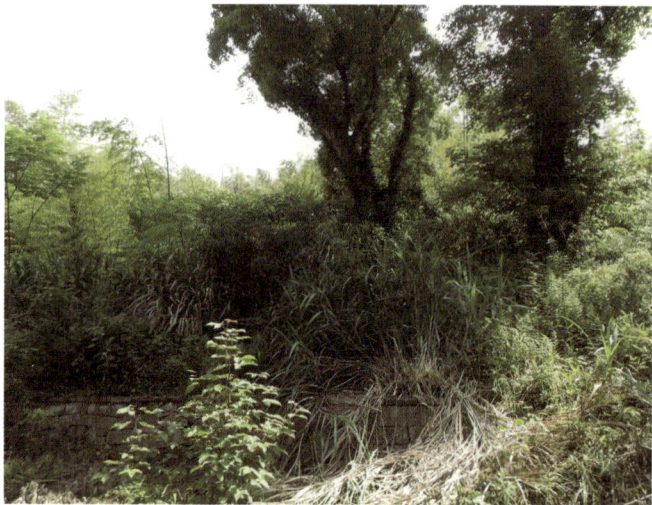

宁波鄞州史弥远墓

端、潘友恭更是朱熹的弟子。楼钥、袁韶、郑清之、乔行简、葛
洪等被后世认为属于四明执政集团成员的大臣，也无一不与理学
家关系匪浅。诛杀发动了庆元党禁的韩侂胄，当然是理学集团乐
见的事情，宁宗朝史弥远最初掌握政权时，他在清除韩侂胄党羽
的同时，平反庆元党禁，赵汝愚赐谥"忠定"，朱熹赐谥"文"，
起用黄度、楼钥、杨简等知名庆元党人，招揽真德秀、魏了翁等
道学名士，所以当时史弥远与理学集团的关系相当融洽。后来有
些事情动摇了史弥远与理学集团的合作。一是自嘉定七年（1214）
开启的岁币之议。当时成吉思汗已突破长城，包围中都（今北京），
真德秀本应出使金国，但其愣是因为战乱，不得而入。而早在三
年前程卓使团入金时，已经看到沿途四逃的流民、倒毙的驮兽和
外城破碎的中都城。所有人都知道，金国的政权已经在北方新近
崛起的蒙古势力的进逼下摇摇欲坠了，那么南宋是否还有必要继
续对金输送岁币的和议？真德秀等人主张金国亡日在夕，理应停
止输送，而史弥远认为必须坚持与金朝友好的关系，有意以金国
作为缓冲，因而主张继续输送，双方就此产生争议。这次辩论最
终以真德秀一方占据上风，但随着金国因南宋断供入侵光州，以

及强硬人物李珏等人在泗州之战的惨败，史弥远一方又获得了最终的胜利。

史弥远废赵竑而立理宗的过程中，真德秀虽然早已发现赵竑处境不妙，但碍于理学集团与史弥远比较融洽的关系，理学集团对理宗继位并没有提出特别的质疑。但是宝庆元年（1225）霅川之变后，济王赵竑竟然为史弥远所逼而自杀，这似乎突破了理学集团的道德底线，引发了比较激烈的反弹。一些激进派如邓若水、胡梦昱等人便上书直指当年旧事，要求清洗史党。不过逼杀赵竑未必没有理宗的支持，因此邓若水等人难逃被贬死的命运。

面对理学家的抵触，史弥远软硬兼施，加紧擅权。软的方面，史弥远继续推崇理学，安抚理学集团的抵触心理。史弥远生前曾刊行朱熹的《四书集注》。嘉定十三年（1220），在魏了翁等人的请求下，宋廷追谥北宋周敦颐为"周元公"，程颢为"程纯公"，程颐为"程正公"，张载为"张明公"。赐谥是高级官员的专享礼遇，此四人均不符合追谥条件，这次特殊的追谥显著提高了理学的地位。宝庆三年（1227）宋廷追封朱熹为信国公，不久进封徽国公。这些措施的实施，使理学开始获得政治上的正统地位。硬的方面，史弥远个人独揽宰相与枢密使大权，废除宰执合堂共议的政事堂制度，严控官员任命大权，培植个人势力，操纵台谏，控制言路。史弥远专政愈演愈烈，心腹爪牙遍布朝廷内外，其信用者有担任台谏的所谓"三凶"李知孝、莫泽、梁成大等，又有薛极、胡榘、聂子述、赵汝述等所谓"四木"。

史弥远当时的权势，突出表现在绍定四年（1231）九月临安城中的一场特大火灾中。"九月丙戌夜未中，祝融涨焰通天红"，大火突然从今天的中河西侧，自中山中路到光复路的李博士桥王德家开始烧起来，然后向南延绵，一直焚烧至前湖门外方家峪山，五十余里之内宗庙百司一夕殆尽，中瓦又为灰烬，可以说临安城内最繁华显贵之处一夜之间化为乌有，"始从李博士桥起，三面分风十五里。崩摧汹汹海潮翻，填咽纷纷釜鱼死"。然而在这片

废墟之上，史弥远府邸赖当时指挥潜火军的殿前司副都指挥使冯
堦亲率卫卒专门灭火，竟然唯独地保全下来，当时有诗讽刺："殿
前将军猛如虎，救得汾阳令公府。祖宗神灵飞上天，痛哉九庙成
焦土。"大火之后诸臣纷纷上言弹劾史弥远，理宗心中五味杂陈，
终究不发一言。大火烧毁了官衙，政府各机构不得不寻找临时办
公场所，太庙搬进了景灵宫，三省、枢密院挪到了都亭驿，六部
的官员则到佑圣观东边的传法寺。

都城文明

文治昌盛

南宋时期，随着大量移民的涌入与宋廷营建临安行都的需要，御街北西首一带不再是北宋时以寺庙、民居邸宅为主的宽闲之地，国家最高学舍与管理机构、社稷坛、皇室贵族功臣的私宅林立。宋廷通过改占武将功臣宅邸、改增寺庙为国家或皇族服务的功能、整顿民居等手段，逐步将城北更广阔的范围纳入以御街为主线、带有皇权色彩的城市空间。南宋临安城北的皇权扩张以宋金和议为重要节点，从绍兴十三年（1143）建国子监、太学，绍兴十六年（1146）建成武学，至嘉定年间宫学改造为宗学，逐步使西北隅承担了最为核心的城市文教功能。其中，以岳飞宅改建国子监、太学为关键步骤。

太学

宋室南渡之初战争频仍，当然无暇关注教育与民生问题。绍兴八年（1138）第一次宋金和议时，就有臣僚提出重建太学的问题，"我宋以儒立国……今中兴圣祚驻跸东南……亟复盛典以昌文治"。当然真正的和议至绍兴十一年（1141）始成，重建太学也就在这时正式提上议程。

　　绍兴和议是南宋史上重要转折点，金宋两国停止交战，次年，太后还朝，同时高宗以各种手段收拢兵权，家军的局面基本不复存在。从某种角度来说，南宋初年的内忧外患基本解决，文治礼教的重建就成为高宗关注的要务。绍兴十一年（1141）十二月岳飞宅被籍没，然后其他武将邸宅也陆续通过各种方式被收回。如绍兴十二年（1142）刘光世卒，后其家献地建景灵宫。明庆寺南原也有刘光世赐第，后可能收回了。绍兴十三年（1143），"韩世忠请以其私产，及上所赐田，统计从来未输之税，并归之官"。绍兴二十一年（1151）韩世忠卒，韩世忠家献新庄桥西赐第增筑景灵宫，献清湖桥西的赐第建左藏库。

　　绍兴十二年（1142）四月二十一日，高宗下诏选址兴建太学。最终秦桧以岳飞宅为太学用来培养人才，这既是迫害岳飞的特殊方式，更是以此一厢情愿地宣告宋朝重新回归到偃武修文的太平

嘉里中心（南宋太学遗址）

轨道上来。当然除了政治原因之外，选择此地建造太庙也有城市规划方面的合理性。以岳飞宅改建的太学，既邻近御街，又与之保持了一段距离，沿御街（今中山中路）北上，越众安桥（今凤起路与庆春路交叉口），转纯礼坊（今竹竿巷一带）再往西至兴庆坊前洋街太学、西庄桥的景灵宫，形成闹中取静的相对独立空间。因此在皇帝视学路线安排中，御街与纯礼坊的交接处是从商业、住宅区进入文化、宗教区的节点。对比之前以府学改建太学的方案，此处更为适宜，府学在凌家桥一带（今劳动路一带），紧邻府治，环境逼仄，士人犹"病其湫隘"，又兼市井喧闹，"府治前市井亦盈，铺席甚多。盖经讼之人，往来骈集，买卖要闹处也"，这样的环境显然不适合营建国家最高官学。

太学建成后，高宗为至圣文宣王庙亲笔御书"大成之殿"和"大成殿门"。太学设崇化堂，内有斋舍二十，分别为服膺、提身、守约、习是、养正、存心、节性、持志、率履、诚意、经德、允蹈、循理、时中、惇信、果行、务本、贯道、观化和立礼。崇化堂之后东西两边为祭酒司业位，两庑为国子监、太学、武学、博士、正录、武谕之位，登科题名列于楹间，前庑"举录直学位各二，学谕位八，教谕位一"，斋舍二十。当然这是逐渐建成的规模，在绍兴十三年（1143）太学初建时斋舍数量只有后来的一半。

高宗绍兴十四年（1144），国子司业高闶请高宗视察太学，高宗欣然应允，下诏说：

宋理宗题"大成之殿"石刻（杭州碑林藏）

偃革息民，恢儒建学，声

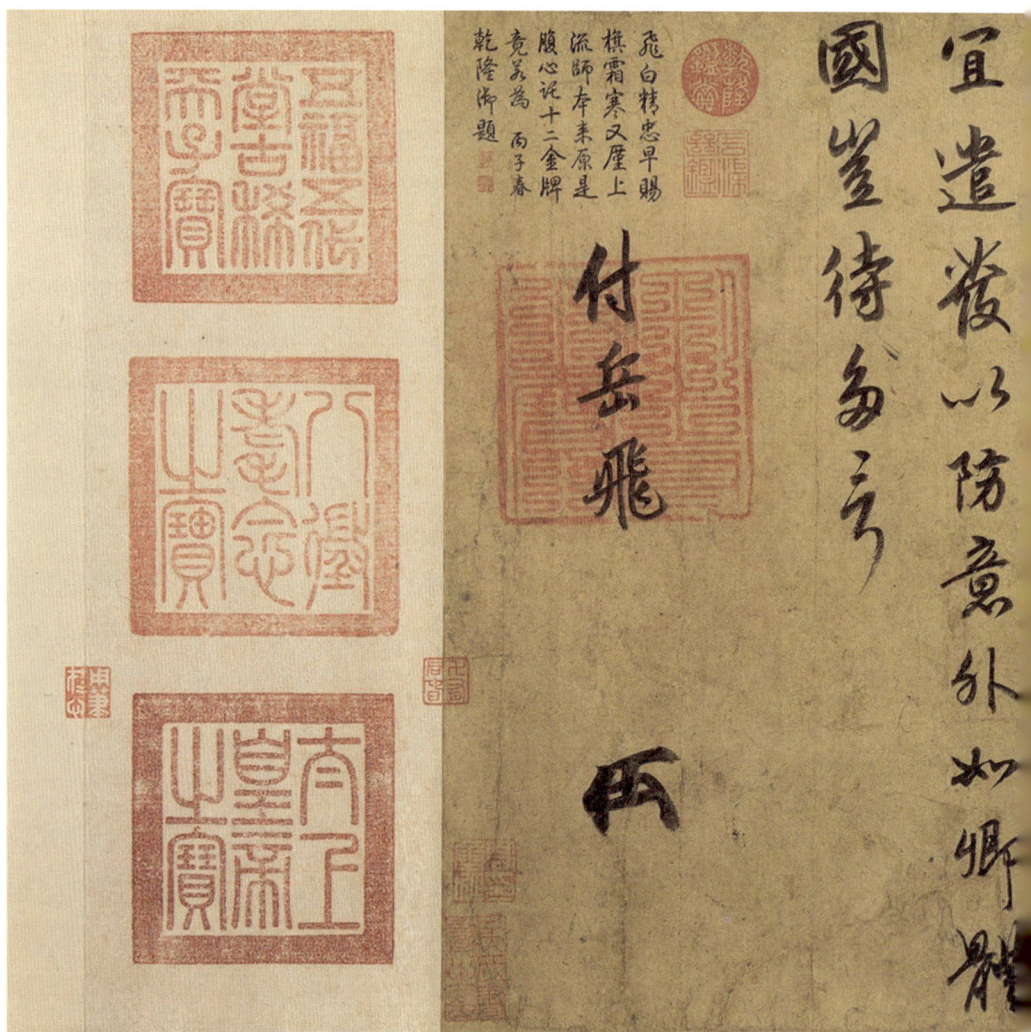

宋高宗赵构书法《付岳飞札子》

明丕阐,轮奂一新。尔等摅望幸之忱,述诸儒之志,远继桥门之盛,愿观云舆之临。请既方坚,理宜从欲。将款谒于先圣,仍备举于旧章。

三月,高宗驾抵太学,行视学之礼。首先,他乘坐轿辇,止于堂前,入次更衣。在殿内,百官早已准备就绪,讲官入就堂下

卿盛秋之際提兵按邊風
霜已寒征馭良苦如是別
有事宜可密奏來朝廷以
淮西軍叛之後每加過慮
長江上流一帶緩急之際全
藉卿軍照管可更戒飭所
留軍馬凱練整齊常為冠

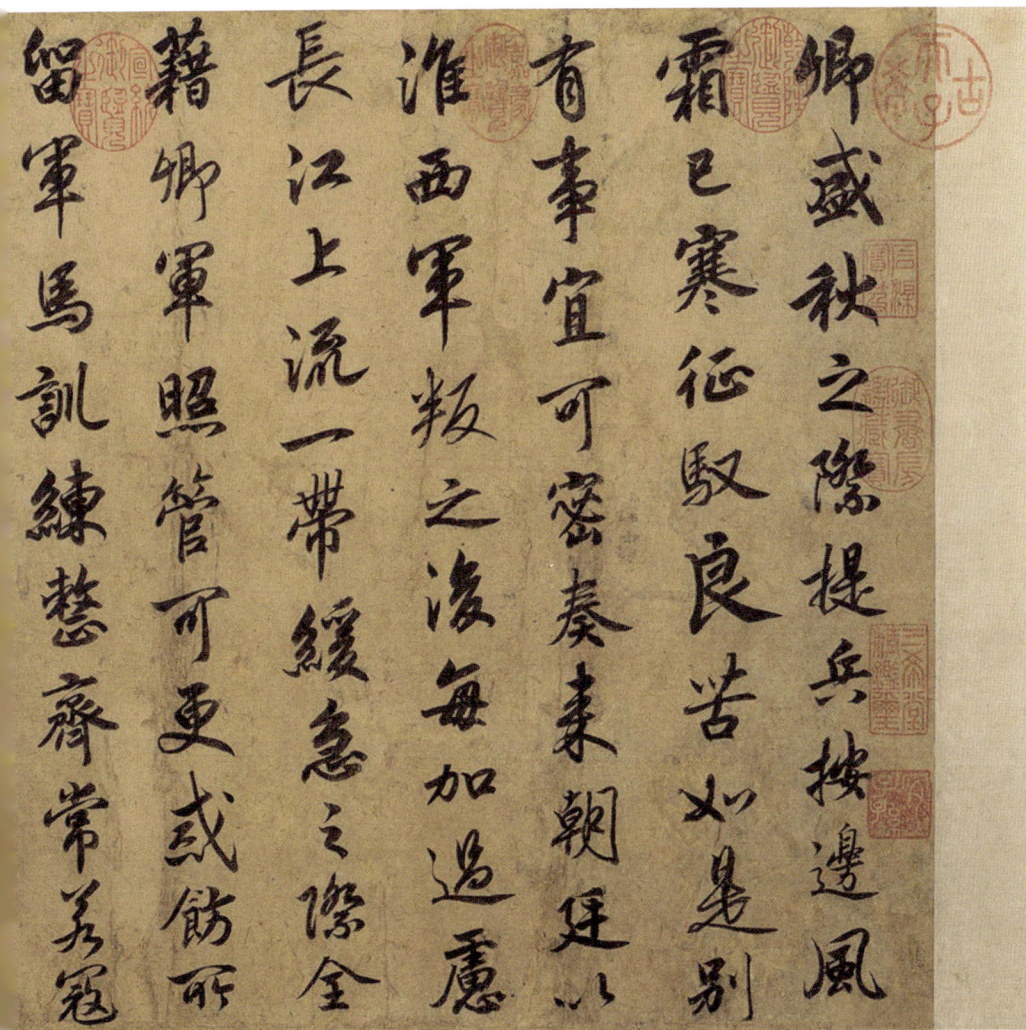

讲位，北向；执经官、学生皆站在堂下，东西相向。待高宗出次，登上御座时，群臣要起居如仪，三公、宰辅以下升堂就位，左右史侍立。讲书、执经官和学生此时北面起居再拜升堂，经官立在御座左右，学生则分立两庑。内侍进书案牙签，这便是要高宗选择经书，授于执经官，指定讲经内容了。当即殿下无声肃穆，静候指教。经官讲授完毕后，又是漫长烦琐的致辞与互拜。高宗待

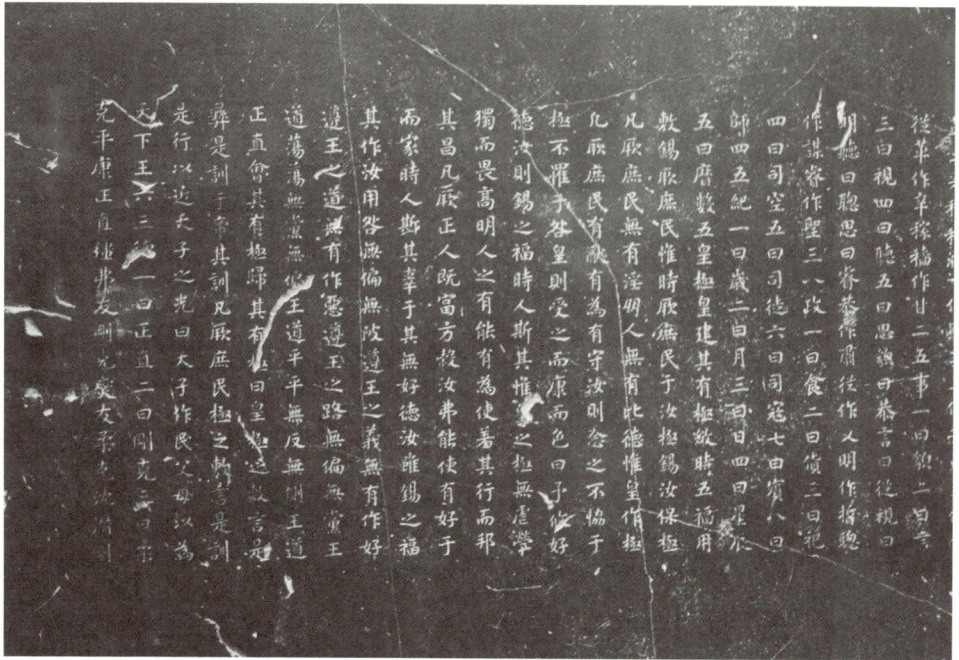

宋高宗御制石经

宋高宗御制石经之秦桧跋

百官按次出殿后，才最后一个离开，乘辇还宫。视学结束后，高宗又按优劣赏赐了相关负责人员。

太学的"首善之阁"中，收藏有宋高宗的御书石经。高宗御制石经的刊刻似乎经历了三个阶段，第一阶段是绍兴十三年（1143）九月，这时新的太学虽已建成，但主要是在"诸州学"刊石。这个时间点其实非常确凿，因为太学石经各篇末均有秦桧跋语，最后的落款是：

> 绍兴十有三年秋九月甲子，太师、尚书左仆射、同中书门下平章事兼枢密使、监修国史、提举实录院、提举详定一司敕令、提举编修玉牒所、魏国公、臣秦桧谨记。

第二阶段是绍兴十四年（1144）以来，刊石于新建成的太学首善阁。第三阶段则是孝宗淳熙年间重建"光尧石经之阁"以"奉安石经"并补刻《礼记》五篇。宋高宗御书石经至今仍有实物留下，包括2石《易经》、7石《尚书》、10石《诗经》、48石《春秋》、7石《论语》、10石《孟子》和1石《中庸》，共计85碑，保存在今杭州孔庙的杭州碑林中，这里就是南宋的府学。

贡院

《夷坚志》记载了这样一个故事：绍兴十二年（1142），临安始在众安桥北建立太学。基址已定，有两个不知道名字的道人出现，其中一个道士说："那个地方好！将来士子云集，必出大魁，能辅佐贵人的更是不计其数，只可惜怕是出不了宰相。"另一个道士则大笑着说："你的眼力还不到顶，由此向东一处，风水大胜于此。状元、宰相之才皆能从中诞生。"这对道士的话传入朝廷，时人有意更址，但由于是时地基已经打下，不容另改他处，于是便在第二位道士所指的位置上建起了贡院。《咸淳临安志》记载，

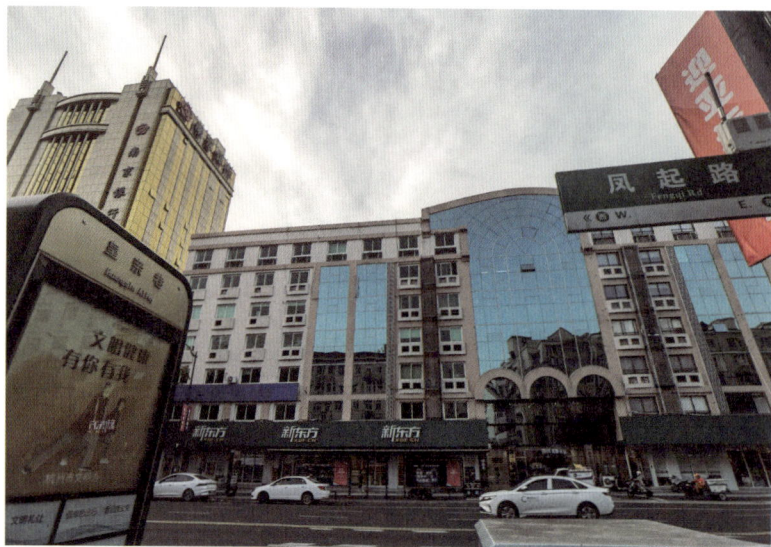

凤起路、皇亲巷（南宋贡院遗址）

"礼部贡院，在观桥西"。观桥大约位于凤起路和中山北路的交叉处，贡院大约在今天的延安路以东、中山北路以西、凤起路以南、观巷以北，今天麒麟街一带，与位于前洋街（今延安路和庆春路交汇处）的太学相距只有五百米左右。

贡院有两个含义，一个是指由礼部负责的省试机构，负责核验举人资质、组织举人考试、管理举人升黜等；另一个则是指举行省试的场所，是建筑与地理意义上的。最初为了节省开支，南宋并没有单独设立贡院，而是以礼部南院充用。绍兴五年（1135）六月，临安举行了南宋建立以来的第一次省试，之后又陆续举办两次，都安排在观桥东边的净住院。绍兴和议后，偃武修文的风向已经非常明显，科举的重要性进一步提升。临安不如汴京，既无宽敞的礼部官廨，也无适合的寺庙，设立专门的贡院就变得十分必要。贡院、太学的兴建皆由宰相秦桧亲自主持，孝宗淳熙六年（1179）礼部乞请再修贡院时，宰相赵雄还说"秦桧盖造如贡院、太学、秘书省等，大抵皆宏伟"，孝宗虽然痛恨秦桧，也不得不承认他的才能，"秦桧亦有才，若能公而无私，便是贤相"。

贡院有大门，内置弥封、誊录所及诸司官，之后是中门，内有两廊，各千余间廊房，为举人试处。举行考试时，两廊就互垂帘幕，"令内外不相窥见"，试官就在帘内两厢中批阅试卷，另外也有在试官锁宿时使用的数十间小舍和厨房。贡院内的厅堂甚大，专门放置有进士题名、历次省试赐诸知贡举御札、殿试赐详定官御札、闻喜宴赐进士御诗等石刻。

府学

宋室南渡后修建皇城，便占据了位在城南凤凰山右原临安府府治的地盘，因此，临安府及府学就需要寻找新址。建炎四年（1130）七月六日，在中书舍人季陵的建议下，临安府治由城南徙至城北，先设在观桥以北，西河和小河之间的祥符寺，后又从城北徙至南行宫丽正门外，以府学改充府治。府治最后定在清波门北府学南原奉国尼寺（净因寺）址上。

目前所知有关杭州官学最早的记载是范仲淹笔下的"前知州李谘在任日重修宣圣庙"。李谘于天圣六年至七年（1028—1029）知杭州，当时的州学当然也在凤凰山的州治附近，《乾道临安志》记载"旧在府治之南，子城通越门外"，据推测应该就是今南宋皇城遗址西南的苕帚湾西端。而赵构一旦决定以原杭州州治为南宋大内，府学也随府治"于凌家桥东以慧安寺故基重建"，这就是今临安府治遗址东北方向的劳动路杭州孔庙。绍兴十一年（1141），府学差点再遭搬迁，起居舍人杨愿谏言说"请以临安府学增修为太学"。高宗本也答应，在十一、十二月下令"诏太学养士权于临安府学措置增展"，"所有府学先次别选去处建置，其增展屋宇约可容生员三百人，斋舍并官吏直舍等并临安府措置修盖"。若非方案改变，太学终在岳飞故居上修建起来，府学恐怕还需要再"颠沛流离"几年。

杭州孔庙

南宋宫殿与官衙安排得整体逼仄，这一点在府学身上也体现出来。北宋临安府学修有至圣文宣王庙、稽古阁、大成殿和十二经斋等建筑，南宋虽重建大成殿、养源堂和安置原稽古阁御书的御书阁，但经斋就只剩了六个，即升俊、经德、敦厚、弥新、贲文和富文。这样的局面，要一直持续到嘉定九年（1216），教授袁肃和黄灏上书请命扩建，才"拓地鼎新，略仿成均，规制始备具"。宋理宗时期，随着理学地位的进一步提高，府学也增扩宫廪，至有进德、兴能、登俊、宾贤、持正、崇礼、致道、尚志、率性、养心十斋，"遂为壮观"。淳祐六年（1246），宋理宗还亲笔御书府学及其养源堂匾额，"题刊之石"。府学扩展的背后，是学生的扩招，这是人口增长、文教发展与财政支持的必然结果，《梦粱录》记载说，府学"各斋有长、谕。月书季考，供膳亦厚，学廪不下数千"。

武学

绍兴五年（1135），祠部员外郎林季仲面见高宗，劝为大将们选取幕僚。这时正是高宗与武将们渐生嫌隙的时候，他一下子便明了林卿的深意：所谓幕僚，便是亲信，便是要直插军队的腹心。于是思来想去后，高宗决定重开武举。宋置武举，最初是在仁宗天圣七年（1029），也是澶渊之盟的二十多年后。庆历三年（1043），宋又设武学。武举出身只能得到很低的武职，仕途坎坷，甚至比不上恩荫，根本不可能改变宋朝"重文轻武"局面。南宋延续了北宋的传统，但武举在高宗朝只开了三次，光宗因武举选士效果不佳曾予废弃，宁宗虽然重开武举，但武举滥竽充数的腐朽之风仍然无法遏制。

南宋武学也在前洋街，即太学的东边，今浙江茶叶大厦处。绍兴十六年（1146）高宗下诏临安府修建武学，创武成王殿，祀太公曰昭烈武成王，以留侯张良配诸名将从祀。因此武学有昭烈

延安路浙江茶叶大厦（南宋武学遗址）

武成王殿和敦阅堂（后改名立武堂），及受成、贵谋、辅文、中吉、经远、阅礼六斋。此后乾道五年（1169）重修过一次，不过南宋皇帝好像没有驾临过此地。

宗学

宗学制度为宋代首创，统招宗室子弟进行集中教育，不以王府宫院或亲疏远近为限，其管理更近于太学体系。主要学官（主管学务的官员和官学教师）是博士、谕和教授，有时王公大臣也兼职讲课。宗学始建于北宋元祐元年（1086），不久罢置，建中靖国元年（1101）复建。

在南宋临安诸学中，宗学兴建最早。绍兴三年（1133）五月，高宗即诏观桥也就是贡院南筑第百间，以居南班宗室，仍沿东京之旧，以"睦亲宅"为名，因而该地又名睦亲坊。绍兴四年

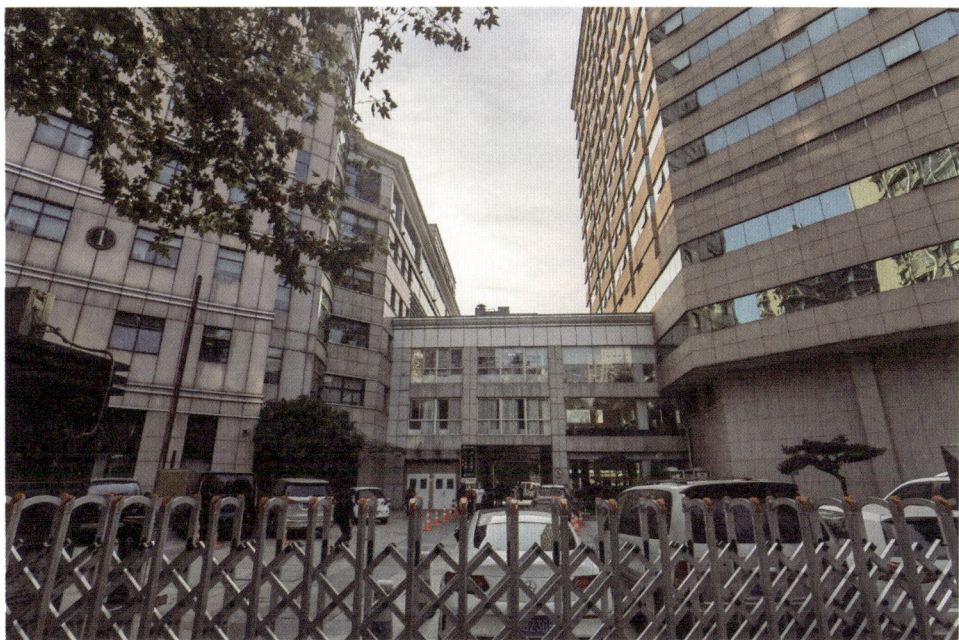

中山中路西，岳王路 38 号浙大妇科医院（南宋宗学遗址）

（1134），高宗"始置诸王宫大小学，教授各一员，专以训迪南班子弟"。绍兴五年（1135），高宗又在此修盖大小学舍，但规模不大，仅"散居五间，除教官二员，各得直舍屋一间外，余讲堂三间，更无斋舍可以容处"。嘉定九年（1216），宋宁宗终将宫学改为宗学，按太学的方法，"三载一试，补弟子员"。在上述变革中，可以很明显地体现出宋朝宗室从寥落到重新兴盛的发展状况。同时，值得注意的是，自此太学、武学、宗学三学并备，官学体系就此补全。

就建筑布局而言，宗学和太学、府学非常相似，它有理宗亲书的宗学匾，还有大成殿、御书阁、明伦堂、立教堂、汲古堂，以及贵仁、立爱、大雅、明贤、怀德、升俊六斋。学生入学时，先进入大成殿，以咸淳六年（1270）为界，咸淳六年（1270）以前，学子会经过御书阁、明伦堂，咸淳六年（1270）以后，就是明伦堂、御书阁。明伦堂后是立教堂，有理宗御书之匾，是对皇室子弟进行榜样教育的地方，再之后又有学官直舍，又叫作汲古堂。它的匾额是丞相李宗勉书就。自殿门学门至前廊，宗学又依次分布着仓库与吏舍。

宗学由教授、博士、学谕轮流授课，有时也有大臣兼职讲课的情况。正规编制教员，按例归于宗正寺，反映了宗学的皇家属性，以及皇家对宗室教育的重视。需要说明的是，宗学并非临安所独有，熊克《中兴小纪》记载说："西外宗居福州，南外宗居泉州。其后，两宗学各置教官，如诸州例。"正是由于在京外还因地开设宗学，才使得南宋能做到"凡曳籍玉牒者，无间亲疏，皆肄业焉"。当然，临安宗学的规模及体制要远远超过泉州与福州两地的宗学。

在宗学，宗室主要接受《大学》《中庸》《论语》《孟子》等儒家经典和一些子书、历史的教导，理学兴盛后，宗学教材便选择了朱熹所编定之作，这就奠定了宗室参加科举的基础。相较于朱明的严格管控，南宋并不强抑宗室上进，甚至还通过各种制度优待宗室，为其入仕降低门槛。宗室能"别试别取"，通过参加有官锁应、无官应举、宗子取应试、量试四种类型的考试，避免与普通士子的竞争，在遇到皇帝登基这类的喜事之时，还可能会得到免除省试的恩宠，"故皇族得官不可以数计"。在《绍兴十八年进士小录》中，宗室子上榜17人，占353名总上榜人数的4.8%。而在《宝祐四年登科录》中，宗室子上榜84人，占601名总上榜人数的13.9%，宗室子上榜占比还是有所增加的。再考虑到科举上榜的名额需要分配到全国，就足可知宗室登第不是什么偶然现象。

在南宋的兴衰沉浮中，宗室大臣也为之贡献了自己的青春与生命，从某种角度来说，他们一方面身为宗室，对国家命运自然有份休戚与共的感念；另一方面又不是自幼嚼金咽玉的皇子，对百姓的悲惨处境也能比后者体贴，因此能在青史之中占据一页的宗室良臣还不在少数。单就临安而言，终南宋一朝共计宗室19人先后27次担任临安府知府（包括临时代领或兼领），累计任职35年，约占到南宋国祚的四分之一。

惠民之世

宋代在中国慈善事业史上占据着重要的地位，甚至可以讲中国古代官办慈善事业就是从宋代开始的。宋政府重视慈善事业有其社会控制的目的，对统治阶层来说，乞丐之类的赤贫阶层是危险性最大的。但毋庸置疑，宋代的慈善事业，特别是收养鳏寡孤独、老幼病残的措施，具有明显的社会进步意义，对后代影响很大，元代地方志中记载的慈善机构很多是从宋代直接继承下来的，明代各州县置养济院也是对宋代慈善政策的继承。宋朝的官办慈善事务主要包括赈灾、收养、墓葬、医疗、消防等方面，规模与体制当然都以京城的慈善机构最为完善，因此南宋的临安城内出现了制度相当完备的丰储仓、养济院、漏泽园、官药局、望火楼等。

丰储仓

即便是两宋这样太平繁华的时代，对于绝大多数平民而言，饥饿的阴影也从未离他们远去。在已经中兴的孝宗时代，仍有臣子上奏说"四方客旅，斗米博一妇女，半斗易一小儿"，宁宗时代都城附近都出现过"米斗千钱"的情况，无钱买米的民众活活

表现平民生活的宋王居正《纺车图》（现藏故宫博物院）

饿死，甚至"有一家而数人毙者"，临安城之东，有一位儿媳妇甚至跟公公、婆婆说，你们把我卖了给公公换点吃的吧，婆婆听了这话就自杀了，然后公公、儿子、儿媳也接连自杀了，"妇以舅姑及夫俱死，又经死"。理宗之时，形势日颓，"富户沦落，十室九空，灶罕炊烟，人多菜色，昔所无也"，临安城中饥民公然在街市上抢夺食物，强盗强抢人口贩卖，随意杀人以获利的情况也十分常见，恶性暴力事件的频发经常导致街面上空空荡荡，"日未晡，路无行人"。

朝廷赈灾，最常见和最直接的手段就是放粮，这需要动用官府的米仓。北宋多用广惠仓、惠民仓、常平仓，南宋最常用于赈灾的是丰储仓。丰储仓一次最多可以取出5万石米赈济，30万石米赈粜，除能覆盖临安府属县之外，还能支援严州、衢州、绍兴、温州、台州、处州等地。丰储仓是在绍兴二十六年（1156）所设的新仓，设立初衷是通过贮备上供余粮，在农荒时补助军粮以及抑制粮价，初定额为100万石。

临安丰储仓原在东青门外三里。乾道五年（1169），孝宗将丰储仓迁至仁和县侧仓桥东，大概是在今杭州玄坛弄一带。淳熙六年（1179），宋廷又诏"建丰储仓"，即丰储西仓，在余杭门外佐家桥北，储备扩增至150万石，主要接受来自浙西和籴来的米粮。丰储仓的积蓄非常充足，淳熙十五年（1188）临安连外州储备共计679万余石。然而面对连绵的饥荒与军马挪用，宁宗时期丰储仓库存"中都但积三月之粮，关外积粮亦不能支一岁"。南宋末，朝廷又陆续修建了端平仓、平籴仓和淳祐仓用于救荒。端平仓在余杭门外德胜桥东，有库五十六间。平籴仓在仙林寺东，据说藏额60万石。淳祐仓在余杭门内斜桥南，有库百间，约120万石。

形势的转折发生在贾似道公田法推行之后，"年为屡丰，租入益裕"，临安城的各粮仓积存的储备粮足够三年之用，"今不啻三年耕之蓄矣"，景定四年（1263）理宗甚至因为粮食太多而不得不扩建丰储，"以公田租浩瀚，诸仓不足以受，乃诏即丰储增创"。咸淳二年（1266）八月，仁和县东的新仓建成，也有库百间。端平仓等同样受惠于公田法有所扩建，咸淳四年（1268）宋廷还在东青门内后军寨北新建了一座巨型仓库咸淳仓，"岁贮公田米六百余万石"。

除官仓直接放粮救济之外，宋廷也有其他办法调节粮食流通。其一是号召商人从粮食充足的地区运来粮食，并允诺可按市价出售，"官司毋得拘勒"，强压价格。再有就是劝分，即由官府出面，劝谕那些拥有大量米的富裕人家进行赈济。从事慈善的人，有些出于怜悯，有些则出于"被迫"。景定三年（1262）京城大饥，临安府尹马光祖知道理宗的亲弟弟赵与芮的荣王府中积粟甚多，遂一连三天，前往拜见，甚至直接躺到了人家的客厅里，以表坚决之意。荣王实在推脱不过，只好召见了他。马光祖一见面，便厉声质问说："天下谁不知储君就是您的大儿子。现在百姓要饿死了，您竟然不趁此为他收拢人心吗？"荣王不愿，只推脱家中无粮，马光祖即刻从怀里掏出一张纸说："某仓几十万。"荣王语塞，遂许30万石，马光祖立即派人领粮放赈，"米活饥民甚众"。

养济院

临安以富冠天下闻名于南宋，但贫富差距严重，城中始终有相当规模的贫困人口。根据淳熙十六年（1189）一次清查"贫乏老疾之人措置赈给"的反馈报告，城九厢和城南、城北两厢需要救济的贫困居民，"共抄札到二十六万八千余口"。孝宗以后，南宋国势由盛转衰，宁宗时"人谓已非淳熙之旧"，理宗朝宋蒙开战后"又非端平之旧"。为维系临安的安定与稳固，宋廷长期对贫民开展救济工作，避免变乱的发生。

南宋临安有两座养济院，位置却难以指明，只知一座在艮山门外。养济院开始是综合型救助机构，主要面向没有固定居所的乞丐，以及虽有住所但生活困难的各坊厢贫民，官府为前者提供住所，为登籍的后者定期提供钱粮。南宋中后期对养济院的收容群体进行初步甄别，只保留鳏寡老人及残废之人，壮年、有亲及健全的贫民则被排除在外。养济院的救济具有季节性，临安养济院的开放时间是冬天十一月至二月，每年十月十五日开始登记，大人在养济期间每天米一升、钱十文，小孩减半，米粮主要从常平仓支取。由于养济院最常以寺庙改充，僧人的参与是非常普遍的现象，宋廷通过分发度牒等鼓励僧人参与其中。

由于贫民众多，包括临安在内的各城市中出现大量遗婴。淳祐七年（1247）理宗又下诏在临安建慈幼局，试图解决遗婴问题。

表现宋人生死观念的李嵩《骷髅幻戏图》(现藏故宫博物院)

慈幼局主要是管理机构，凡民间遗弃小儿有愿收养者，由慈幼局每月支钱一贯，米三斗，二岁乃止。无人收养者，则由慈幼局代雇乳母，有愿意喂养遗婴者可以向慈幼局申请。宝祐四年（1256），为了"使道路无啼饥之童"，宋廷在全国推广慈幼局。

漏泽园

漏泽园是北宋元丰年间创办的官办公益墓葬场所，凡无主尸骨及家贫无葬地者，由官家丛葬，其地称为"漏泽园"，取泽及枯骨不使遗漏之义。绍兴十四年（1144）户部郎官边知白"乞临安及诸郡复置漏泽园"，高宗从之。绍兴十六年（1146）南郊祭天后，高宗又下诏依法在漏泽园收葬死而无归的贫乏乞丐，"无致暴露"。绍兴十八年（1148）又下诏"郡县立漏泽园，以惠天下死亡者各得其所"。漏泽园的面积不断扩大,据《梦粱录》所载,临安的钱塘、仁和两县有漏泽园十二所,还有专门的房屋为入葬者进行春秋两季的祭奠,并向亲属开放"享祀"。为了防止这些已安葬者的灵魂受到惊扰,漏泽园还做了相应的防护措施,即实行封闭化管理,派人看守,其要职一是防止牲畜突入,二是防人盗墓。

漏泽园平日里的经费来源,大抵有五处,一是常平仓;二是上供钱,即各种杂税;三是内库钱,属于皇帝的私房钱;四是内降钱,是皇帝不经过常规政府手续直接下拨的财政开支;五是封桩库络钱,这是属于内库的专项基金。为保证这些钱花到实处,漏泽园有非常严格的管理与监察措施。在漏泽园的发展及管理过程中,僧寺发挥了很大作用。绍兴十四年(1144)朝廷就每处选募僧人二名主管漏泽园收埋事务,并以度牒、紫衣相激励,如葬及三千人以上就给一个剃度的名额,赐予参与漏泽园工作三年的僧人紫衣与师号。

惠民局

临安也有官办的医疗慈善机构。无论是旱涝,还是兵荒都容易滋生疾病,为防止大型瘟疫的发生,宋朝也有专门的公共卫生举措与政策,包括针对平民的医疗福利措施。官办病坊并非宋人首创,唐朝已经有类似的机构。北宋有官办药局和剂局等,熙宁九年(1076)太医院下设修合卖药所,徽宗年间修合卖药所又分为医药合剂局与医药惠民局,后者负责向民众低价出售药剂。

绍兴六年(1136)高宗下诏"置药局",其中一所命名为"和剂局",后来和剂局改名为太平惠民局。《梦粱录》记载,临安"太平惠民局,置五局,以藏熟药,价货以惠民也。南局在三省前,西局众安桥北,北局市西坊南,南外局浙江亭,北外二局以北郭税务兼领惠民药局收赎"。也就是说南宋临安在各处设置了一个官办的大型低价药坊。绍兴二十一年(1151),高宗还下诏由官方在惠民局安排医官提供药方，高宗、孝宗时还在需要的时候经常通过翰林院派医官为临安民众免费看病。淳祐八年（1248）五月，理宗还在戒子桥西创置施药局，这是诊治、开方、取药一体的医疗慈善机构。官药局或惠民局的主要职能是向民众出售低价常用药品，药价一般比市价低三之一，每岁需要财政投入"户部缗钱数十万"。这个措施促成了中国最早的中成药的规范化配制，及《太平惠民和剂局方》的刊刻与出版。官药局主要负责提供药品及治疗病人，但不具备收容病人的功能。其他一些机构肩负起了这个职责，如安济坊、实济院这类综合性机构。

当然官药局的运作过程也会产生各种弊端，包括售卖假药、药品质量低劣等。宋廷采取各种措施保障药局的运转与药品质量，包括拨调士兵巡防、析分职权、赏罚激励、监官检查等。

望火楼

杭州历来火患严重，南宋火患之频，更是世所罕见。绍兴二十年（1150）以前几乎年年有火，甚者达三四次。较为严重的，有绍兴二年（1132）五月大火，"顷刻，跨山亘六七里，燔民舍一万数千家"。同年十二月更是"燔吏刑工部、御史台、官府、民庐、军垒尽，乙未旦乃熄，铨选文书无存者"。嘉泰元年（1201）三月，宝莲山下御史台属员杨浩家失火，蔓延开来致使都城九毁其七，官员们只好"僦舟以居"。嘉泰四年（1204）三月"火及和宁门鸱吻"，差点让皇帝命葬火海。绍定四年（1231）那场只有史弥远宅邸独存、致使宋室颜面扫地的大火迫使朝廷各机构不得不四处寻找临时办公场所。

《西湖游览志》总结南宋杭城多火的原因，包括"其一，民居稠比，灶突连绵；其二，板壁居多，砖垣特少；其三，奉佛太盛，家作佛堂，彻夜烧灯，幡幢飘引；其四，夜饮无禁，童婢酣倦，烛烬乱抛；其五，妇女娇惰，篝笼失检"。此外还有战乱以及人为纵火造成的火灾，包括"亡赖因以纵火为奸利"。

为最大程度地降低火灾所带来的危害，南宋临安发展出了当时顶尖的消防体系，其中一个突出表现就是望火楼的铺设。救火并非望火楼一处的工作，其成功要仰赖于配套组织的合力，包括扑火水源的问题，为此临安在全城各地设置了防虞水池。为更精密地应对火情，南宋又在各坊巷内设防隅官屋，即火隅，实行"分隅任责"的制度，隅内直接驻扎着隅兵，望火楼就设置在隅中。最早用于探查火情的瞭望楼诞生自东汉时期，在北宋时建制已非常成熟，《营造法式》对望火楼形制有专门的记载。望火楼有观察并指示烟起处的任务，白天值班人员使用旗帜指挥，夜间则改用灯火。若起火点在朝天门内，就举三把旗；若在朝天门外，则举两把旗；若在城外，则举一把旗；夜间灯火使用规则相同。

军队是临安负责灭火的最主要群体。除火隅外，临安另有数百来个军巡铺。南宋时，官府坊巷二百余步置一军巡铺，以兵卒三五人为一铺，遇夜巡警地方盗贼、烟火。军巡铺的职责是防火，一旦发生大型火灾，则有专业的消防军负责扑灭，"如遇烟煁救扑，帅臣出于地分，带行府治内六队救扑。将佐军兵及帐前四队、亲兵队、搭材队一并听号令救扑，并力扑灭，支给犒赏。若不竭力，定依军法治罪"，这里的"帐前四队、亲兵队、搭材队"就是内部有所分工的临安"潜火"七队，专任消防，规模有将近两千人。

通往大都

宋蒙结盟

端平元年（1234），即史弥远去世、理宗开始亲政的第二年，宋蒙联合攻金，金亡。三月，理宗派员赴河南祭扫祖陵。宋蒙联合灭金时，对灭金后河南归属没有明确约定。对于中原故土，宋廷有和与战的不同意见。部分边帅与宰相郑清之主张发兵收复故地，京湖置制使史嵩之与参知政事乔行简等认为宋朝军力、财力均不足，反对出兵河南。灭金后次月，蒙军基本攻占山东之地，宋廷察觉蒙古侵略意图。这时刚刚亲政的理宗决定出师，结果突遭蒙古军伏击，宋军大溃，史称"端平入洛"，并揭开了宋蒙战争的序幕。

龙翔宫崇道

绍定六年（1233）十月，专权26年之久的权相史弥远咽下最后一口气，如木塑泥胎般沉默静坐了近十年的宋理宗终于能"亲总庶政"，一展宏图。当年理宗宣布改元"端平"，并御笔题写"宣王修政日，光武中兴时"，大有更化朝政的气象。在这段被后世誉为"小元祐"的端平更化时期，宋理宗首先贬斥了以"三凶""四木"为首的史弥远党羽，并召回了在宝庆、绍定期间被史弥远排斥的能臣，如真德秀、魏了翁、李埴之辈，并惩戒贪腐、精简冗滥、整顿吏治。在经济方面，他停发新币，回收旧币，强化专卖，严格会计，主张节制，以缓解长期以来的财政困境。不过理宗任用的新丞相，是当时在净慈寺与史弥远密谋的郑清之，同时理宗也延续了史弥远推崇理学的政策。理宗将理学定为"正学之宗"，将周敦颐、张载、程颢、程颐、朱熹、司马光、邵雍、张栻、吕祖谦等人抬进孔庙入祀，并选用理学名士，确认道统谱系并御书《道统十三赞》。理宗时代的御用画家马麟绘制过一套《圣贤图像》，每件宽110厘米、高240厘米，现有《伏羲》《尧》《禹》《汤》《武王》五幅作品传世，其中第一幅《伏羲》的题赞前有一段小序称：

宋理宗像

　　朕获承祖宗右文之绪，祗遹燕谋，日奉慈极，万几途闲，博求载籍。推迹道统之传，自伏羲迄于孟子，凡达而在上其道行，穷而在下其教明，采其大指，各为之赞，虽未能探赜精微，姑以寓尊其所闻之意云尔。

显然马麟的《圣贤图像》是奉命为理宗《道统十三赞》所绘制的配图，图

杭州孔庙宋理宗御制《道统十三赞·武王》石刻

马麟绘《伏羲像》　　　　　　　　马麟绘《武王像》

上所题赞辞即理宗御制《道统十三赞》。更值得注意的是，有研究者指出马麟所绘诸圣贤的面貌均以理宗为原型，"龙颜隆准""姿貌庞厚"。

端平元年（1234）年初，宋蒙联军围攻金国最后的抵抗之地蔡州，金哀宗完颜守绪自缢，金末帝完颜承麟草草登基后率军力战而死，金国自此而亡，享祚120年。史嵩之带着一部分金哀宗的骸骨入京，并特地描绘了北宋八陵图献上，百年之耻似乎得到洗刷，临安城陷入一片欢腾之中。三月，虽有蒙军欲争洛阳的消息，理宗还是下诏太常寺赴洛阳祭扫。不过也有人认为，消灭金朝等于让南宋与蒙古之间失去了屏障，预料到金国的灭亡不会是中原大地战乱的结束，相反会是中原大地新一轮洗牌的开始。去掉缓冲区后的南宋必须和蒙古相互接触、相互试探，直至找到新的平衡点。

灭金之后，理宗认真考虑了"守河据关"，即将宋蒙对峙的边界推至黄河、潼关一线的可行性。在老师郑清之以及一大群持有"非扼险无以为国"观点之人的鼓动下，抱有恢复之志的理宗罢免了史嵩之、吴潜等反对派，于六月慷慨出师，发起了收复东京开封府、西京河南府和南京应天府的"三京之役"。然而这场被后世称作"端平入洛"的尝试在短短两个月间便告夭折，也留下了宋朝背弃盟约的把柄，为蒙古无所忌惮地入侵宋朝提供了口实。次年，在蒙古持续侵宋及宋廷内部矛盾长期未解决的情况下，襄阳被叛军出卖，这座经营了130余年的城市与要塞毁于一旦。在这个重大打击下，理宗开始懊悔其开边行为，罢免了主战的郑清之及乔行简等人，并下罪己诏。失去恢复中原的锐气或许还不是最严重的事，雪上加霜的是，宋理宗也逐渐地丧失了治国理政的意愿，走向了荒怠政事的最后时光。

宝祐元年（1253）宋理宗在位已有30年，其中前10年为史弥远挟制，后20年亲政掌权，励精图治，变革更化，颇有中兴之迹象。然而为时不长，这时的理宗已是知天命之年，志向随着政治挫折和身体的衰老而逐渐丧失，他开始任用丁大全主持朝政，并在阎贵妃、马天骥、丁大全、董宋臣等人的引导下开始嗜欲怠政。理宗后期最荒唐的表现是召妓入宫。理宗晚年非常好色，三宫六院已经不能满足他的私欲。善于奉迎的内侍董宋臣在一次元宵节时招来临安名妓唐安安，理宗非常喜爱，留在宫里日夜宠幸，此外理宗也经常召歌姬舞女进宫。对此起居郎牟子才上书称"此举坏了陛下三十年自修之操"，理宗只是告诫牟子才不得透露此事，姚勉以唐玄宗、杨贵妃、高力士为例劝告理宗，理宗竟然恬不知耻地回答："朕虽不德，未如明皇之甚也。"

理宗纵欲怠政的另一个突出表现是宝祐年间大肆修建道观佛寺。随着年老体衰，理宗把健康延年的希望寄托在道教的斋醮方术和佛道的念经祈请上，并对临安佛寺道观进行大规模的增修扩建。

淳祐四年（1244），宋理宗下诏说，要将自己的潜龙府邸改为道宫并赐名"龙翔"，以奉祀感生帝。理宗的潜邸就是原来的沂王府，在今后市街小区内，今天杭州的龙翔桥因龙翔宫而得名，但南宋时宫址最初并不在今龙翔桥。龙翔宫规模特别浩大，沂王府故第不够用，又拆毁中瓦街民舍达三分之二，造成近千户、万余人无家可归，"都城之内人心皇皇，道路籍籍"。龙翔宫正殿称"正阳之殿"，内供感生帝君。"龙翔之宫""昭符之门""正阳之殿""和乐之阁""琅函宝藏"等门、殿、阁匾额全是理宗御书。龙翔宫规模宏大壮丽，殿、阁、楼、斋众多，除崇道性质的"正阳殿""三清殿""顺福殿""寿元殿""景纬殿"和"全真""履和""颐正"三斋外，还有专供皇帝休息的"福庆殿"，供皇帝巡视间歇的"仙源"御座，供内侍住宿的"泉石"舍，所以龙翔宫既是道观又是皇帝行宫。淳祐七年（1247）二月龙翔宫最后落成，七月内礼寺主持讨论祀典礼仪，朝臣们认为既然龙翔宫供奉感生帝君，属于道家羽流，应当用道教斋醮之法。

理宗还创建西太乙宫。北宋都城开封有太乙宫，供奉五福太乙神。宋高宗南渡，仿照汴梁也在临安建太乙宫，位置在新庄桥南面即今凤起路杭州第十四中学以西，地处临安城西北。淳祐年间，太史和道士互相唱和，说太乙将有梁、益之分，请顺天应神，用真宗天禧故事在西南方向另建太乙宫。理宗听信此说，就选择在西湖孤山另建西太乙宫，原太乙宫称东太乙宫。西太乙宫正殿称"黄庭之殿"，殿门称"景福之门"，供奉五福、君基、大游、小游、天一、四神、地一、臣基、民基、直符等太乙十神。正殿东西有延祥殿专供皇帝临幸歇息，宫内所有门、殿、斋的匾额都由理宗御书。据时人王应麟的描绘，西太乙宫由理宗直接督造，建得非常华丽壮观，耗费大量国家资财。宝祐元年（1253）十一月十七日，西太乙宫落成安奉神像，次年理宗下诏将于十月三日亲临祭谒太乙十神"为国祈福"。一些朝臣上疏反对，"一时囊封瓯奏已交言其非"，其中牟子才指西湖之滨的西太乙宫"大率皆方士杂引道经、星历之学而为之"，耗资过巨，大伤国力，国家处于战争状态，怎能效法祖宗承平时期所为，恐有重蹈"丰亨豫大"覆辙之忧。

除了创建龙翔宫与西太乙宫，理宗还重修了报恩光孝观与佑圣观。报恩光孝观创建于绍兴中期，当时徽宗客死金朝，高宗追悼父皇，下诏天下普建报恩光孝观以供奉徽宗神像。其后因临安人口增多，部分观基为民舍和御前兵营占用，理宗时报恩光孝观已破烂不堪，羽流道众无所居住。淳祐十年（1250）八月，理宗以不忍奉先追孝之地荒废为由，命龙翔宫履和斋道士九江人曹大通主持观事，修复报恩光孝观，并命临安府予以支持。知临安府赵与德组织施工，不到一年，报恩光孝观修复一新，"堂庐殿庑，丹辉碧灿，食息用具靡细弗举"。为满足四方云游道士食宿，朝廷还给报恩光孝观拨纸币5500楮，在仁和、德清之间买田50多亩供养道士食宿，报恩光孝观由此道众云集，香火日盛。报恩光孝观在今中山中路、观巷交叉口，宋时此处称报恩坊，今"观巷"之名即来源于报恩光孝观。佑圣观本是孝宗潜邸，改建成道观后供奉真武帝君。理宗继位初年即修缮佑圣宫，有崇尚真武神与效法宋孝宗以图中兴的意图。

阎氏是理宗晚年最宠幸的嫔妃，淳祐九年（1249）封为贵妃，景定元年（1260）病逝。阎氏专宠后宫，又干预朝政。理宗还不惜国力为阎氏在西湖积庆山九里松附近建造集庆寺。集庆寺全称显慈集庆教寺，修造工程由皇宫内司直接负责。内司吏卒在临安附近州县"望青采伐，鞭笞追捕"，闹得鸡犬不宁，勋臣旧辅陵园的树木亦被砍伐，有人作诗讽刺"谁知广厦千斤斧，砍尽人间

孝子心"。淳祐十二年（1252）夏新寺落成，理宗御书寺内殿阁
匾额，委任高僧思诚担任开山教主，不久便将此寺赐予阎氏作为
功德寺。宋蒙对峙时期修建的集庆寺土木之工超过了灵隐、净慈、
天竺等著名佛寺，号称"金碧为湖山诸寺之冠""赛灵隐"。理宗
修造集庆寺主要不是崇佛而是宠妃，建成之初允许游人自由观赏，
有人在法堂大鼓之上题写"净慈灵隐三天竺，不及阎妃之媚君"，
理宗追查作者一年无果。

　　理宗晚年的信佛崇道直接影响到宋度宗。度宗嗣位于南宋危
难之际，没有继承理宗中期的励精图治，却把其晚年的信佛崇道
承袭下来。度宗供奉真武帝君，特在供奉太乙十神的东太乙宫内
建通直殿安奉真武神像。咸淳九年（1273）度宗又在灵隐寺西石
简山下为生母隆国夫人黄氏建造功德寺，称"永福寺"，还仿效理
宗龙翔宫，从原高宗德寿宫截取一半建造宗阳宫，但地基仍然不
够，又迁徙附近居民，引发严重骚乱，御史、经筵为此劝谏，理
宗置之不理。宗阳宫正殿无极妙道之殿供奉三清，毓瑞之殿供奉
感生帝君，通真殿供奉真武帝君，规制祀典与龙翔宫对等。

　　理宗及度宗的奉道之举号称是为国祈福，其实不但没有挽救
南宋覆亡的命运，还因败坏朝政、损伤国力而加速了南宋灭亡，
正如后人题西太乙宫所言："五福贵神留不住，水堂空照九枝灯。"

湖上有平章

　　史弥远死后，宋理宗圣心独断，起初慎选宰相，多孚人望，
但随着良臣的老逝离散、现实挑战的升级，以及自己的日渐昏庸，
南宋朝堂开始了一段任人不当的混乱期。有人曾写下"阎马丁当，
国势将亡"八个大字，指的就是理宗宠爱的贵妃阎氏，宦官董宋
臣，外臣丁大全、马天骥四人相互勾结，搞得国家上下乌烟瘴气。
事实上，自史弥远为首的四明集团被清除后，宗室、外戚、宦官、
后宫等势力就逐渐侵吞了朝政，令理宗难以或懒得亲自平衡、掌

控，于是兜兜转转，南宋的政治轨迹又回到了强权独相模式，这一次，充当这个角色的人是贾似道。

贾似道出自官宦之家，其父贾涉曾任淮东制置使兼京东、河北路节度使，权吏部侍郎。不过，他的另一个重要身份其实是外戚——贾似道的姐姐是理宗宠爱并欲立后的贾贵妃，在为阎贵妃建造集庆寺之前，理宗也曾为贾贵妃修过演福寺，理宗无子，仅有一女系贾贵妃所生，公主出嫁时百官皆送厚祀相贺，有衢州人马天骥独献罗锢细柳箱笼100只，镀金银锁100只，锦袱100条，共装芝楮100万，理宗大为欣喜，马天骥竟因此而官拜执政，恃宠用事。

贾似道年轻时混迹平康巷，某种程度上和宋理宗"意气相投"，宋理宗自然对这位小舅子青睐有加，使之平步青云。宝祐二年（1254），贾似道被加封同知枢密院事、临海郡开国公。宝祐四年（1256），又被任命为参知政事，正式成为宰执群体中的一员。然而，真正能使贾似道攀至其前辈韩侂胄、史弥远等人高度的还不是圣心，而是鄂州之战。开庆元年（1259），蒙古大举入侵南宋，忽必烈一路跨过长江，攻入鄂州。贾似道临危受命，入鄂督战，宋蒙双方久久僵持不下。战役最终以蒙古军的退却为结束。虽然这里很大一部分原因是蒙哥在钓鱼台的战死导致忽必烈着急北归争位，但贾似道在督战筑城上的确颇有心得，令忽必烈也都出言赞道："吾安得如似道者用之！"当然，另一个使贾似道被显衬得如中兴名臣的重要原因是南宋在面对蒙古时的接连败绩，以至于捷报传来后宋理宗都要亲自赋诗称"凯书已奏三边捷，庙算全消万里尘"。贾似道因而凭借鄂州之战的政治资本，开始了近十五年之久的朝政独揽。

和宋理宗一样，贾似道在骤登高位后，是曾"欲行富国强兵之策"，挽大厦于将倾的。他着手整饬吏治，通过政治手段将宦官等势力排挤出朝堂；逐步严明军纪，通过实施打算法来减少军费滥用和整肃跋扈官将；最后是改革财政，通过推行公田法、推排法与货币改革（用关子代替会子）来扭转民穷国困的局面。最初，贾似道的改革还颇有成效，"百官守法，门客子弟敛迹，不敢干政，人颇称其能"，然而随着改革逐渐深入，感知到危险的满朝文武群起攻之，就此迫使他的改革中道夭折，半途而废。在强烈的破灭感主导下，贾似道很快也蹈入旧辙，对国事撒开手去，开始了纵情声色的靡烂生活。宋理宗对这样的转变倒可能是不以为然的。他曾经登上宫中高楼，远眺西湖，看见某处灯火异常明璨，便对着左右说，那一定是贾似道在那里游玩吧！他对这个同样能玩的小舅子有多温情，就会对远处的烽火与兵锋有多漠然。又或者说，在他心中，园林与美人本就是最好的生活，他是不介意让心腹功臣同他一起好好领略其间风味的。

景定三年（1262），宋理宗将集芳园赐予贾似道，并另拨

抱朴道院半闲草堂

百万巨款用作家庙兴建之费。集芳园位居今葛岭和孤山之间，东瞰西湖，北对玛瑙寺，山岚拂面，湖光潋潋，相传曾为葛洪炼丹之所，位置、环境本就得天独厚。宋高宗得到建于此处的张婉仪园后，好生收掇，新建所设蟠翠、雪香、挹露、倚秀、玉蕊、望江诸亭，匾额俱为其亲手题写，钟爱备甚，常往游之。贾似道接手后，改此园名为后乐园，又为之大造。其中所生的古木寿藤，都是宋室南渡以前便植下的了，如今已经"积翠回抱，仰不见日"。而其中的建筑，更是"架廊叠磴，幽眇透迤，极其营度之巧……飞楼层台，凉亭墺馆，华邃精妙"。理宗曾为这里题写道"西湖一曲奇勋"，算是对他的赏赐原因作了交代。贾氏家庙修在后乐园西面。庙成之时，被后人称作有稼轩文风的刘克庄还为贾似道写过祭器款识。当时贾似道还没有后来的飞扬跋扈，作为世交的刘克庄因而对这位新相抱有期待，曾盛赞贾似道在鄂州之战的表现，说贾似道在前线"大小百战，却舆马，擐甲胄，与士卒同饭卧起"。从此，贾似道就喜欢在葛岭的半闲草堂高卧，懒懒地翻阅着四方送来的为他歌功颂德、庆祝生辰的诗文。若有妙笔的，他也便笑笑，用笔圈点了搁到另一摞。到时候考官们自能明白其意，从这些得他欢心的人选中裁定考第，而这些诗文也将传抄诵遍临安，纸为之贵。

就在贾府周边不断拥簇起新的别墅小居时，宋理宗于景定五年（1264）病逝。南宋的第六位君主宋度宗赵禥是宋理宗亲弟赵与芮的独子。宋理宗子皆夭折，便收他为养子，令继大统。然而，这位孩童因其母一碗堕胎药的缘故，竟是个十足的弱智儿，他的手足发软，到了七岁

李嵩《西湖图》局部，孤山对面北山当即贾似道宅府

才刚能说话，加之他在继位后沉湎女色，不理朝政，贾似道因而权势较往昔更盛。他被拜为太师，平章军国重事，特许三日一朝（后为十日一朝），并将朝廷公文都拿回家处理。咸淳三年（1267），度宗又赐贾似道西湖葛岭之宅。贾似道在其上修建了半闲堂和养乐园，那里"千头木奴，生意潇然"，他自此"五日一乘湖船入朝，不赴都堂治事"，时人因而以"朝中无宰相，湖上有平章"相嘲。

贾似道喜欢附庸风雅，筹谋着文抄、出版大计，刻《奇奇集》，编《悦生堂随抄》，集《全唐诗括》等，并广收奇珍墨宝。但贾似道的品性与私生活可谓毫不风雅。贾似道曾向余玠讨要自己所中意的一条玉带，但信到时余玠已逝，玉带已殉，于是他就掘开了余玠的墓，挖走了玉带据为己有。贾似道还有

宋度宗像

更多市井的庸俗趣味，他把宫女、尼姑、娼妓中有姿色的纳之为妾，关在西湖上的楼阁中整日厮混。一次他的赌友上门拜访，正看见他蹲着和诸妾比斗蟋，于是便开玩笑说：这便是你所说的军国大事吗？此事流传出去后，有人讥讽他是蟋蟀宰相。贾似道却不以为然，"梅落黄金弹，荷开碧玉盘。小舟维柳外，青磬出林端"，湖光山色，微风旖旎间，他还悠闲地撰写了一部专论蟋蟀的《促织经》。

咸淳十年（1274），宋度宗纵欲过度一命呜呼，其四岁嫡子赵㬎继位，是为宋恭帝。冥冥中或为预兆的是，就在这一年，曾给贾似道带来无上荣耀的鄂州被元军攻占。前一年，襄阳在孤守六年后城破，贾似道封锁了消息，宋度宗居然还是从宫人谈话中

漳州木棉寺

得知的。不过他无能为力，只是看着泄密的妃嫔被杀，自己继续回去醉生梦死了。

德祐元年（1275）正月，元庭派荆湖行省左丞相伯颜率水、步兵10余万攻宋，以宋降将吕文焕为先锋。太皇太后谢道清急令贾似道督师抗元，贾似道虽率军13万，战舰2500艘，仍感到心孤意怯，便在分兵七万令孙虎臣驻守丁家洲的同时，向元营去信求和。在将领无心、士气低落等诸多影响下，这次丁家洲之战以宋军的大溃败为结局，贾似道惶惶逃向扬州。然而，或许战死才可能是他最体面的下场，全朝对他的追捧瞬间转为劾责。皇室因而贬他作高州团练使，安置循州。监押他的郑虎臣曾与他有仇，在贬谪路上令轿夫们编唱方言小曲，极力嘲弄。贾似道本寄希望于太皇太后的恩赦，但他在风雨凄凉地行至漳州后终于预感到自己在劫难逃，决定自杀。在暂时歇脚的木棉庵，他吞下了大量冰片，腹泻不止。郑虎臣再难忍耐，趁机杀死了他。

伴随着主人的陨落，贾氏园林也疾迅凋零了。"檀板歌残陌上花，过墙荆棘刺檐牙。指挥已失铁如意，赐予宁存玉辟邪。败屋春归无主燕，废池雨产在官蛙。木棉庵外尤愁绝，月黑夜深闻鬼车。"歌舞停，楼阁废，众卉残，荆棘盛。

天下一统

咸淳三年（1267），蒙古再次起兵南侵，经12年战事，南宋灭亡。襄樊之战失利后，元军兵分两路发动大规模南侵，势如破竹。这时朝中大臣仍然相互倾轧，又不信任张世杰、文天祥等勤王重臣，临安城百官争相逃匿。元军再次包围扬州，并分兵三路直奔临安。伯颜率中军屠常州，进平江府。左路水师进澉浦（浙江海盐南）。右路军出广德，进迫独松关（今浙江安吉南独松岭）。守将张濡在上柏镇（今浙江安吉东南）与元军激战，张濡战死，独松关失守。面对元军进攻，陈宜中与谢太后没有组织临安城内外10余万勤王军进行抵抗，而是多次向元军求和。伯颜要求宋朝投降。德祐二年（1276）正月嘉兴府守臣刘汉杰以城降，三路元军在临安城北长安镇（今属浙江海宁）一带聚集，从临平镇进驻临安府北十五里处。谢太后派员献传国玺与降表降元。二月五日，赵㬎出降，宋朝灭亡。三月，伯颜入临安城，赵㬎、全太后与后宫百余人，宋朝大小官员、三学学生等数千人，被元军押往元大都。五月初二日，忽必烈接见赵㬎一行，赵㬎被降为瀛国公。元至元十九年（1282），赵㬎被迁往上都（开平府，今内蒙古正蓝旗东），后去西域为僧，元至治三年（1323）被赐死。

皋亭山抗辩

德祐元年（1275）十一月，太皇太后谢道清宣布了改命吴坚为左丞相的旨意。偌大一个宫殿，前来上朝的却只有六个文官，空寂寥落，去势分明。珠帘摇摇之后，谢道清的神情不见激愤，反而毕是麻木枯槁之色。

这样的事情已经不是第一次发生了。就在这一年三月，元军第一次逼近临安时，同知枢密院事曾子渊等几十名大臣就连夜遁逃，尚讲脸面的文及翁、倪普等人也暗示同僚弹劾自己，以便顺势辞职。当时谢太后还大怒下诏，指责这些人背信弃义，枉读圣贤书。但随着这一次常州城破，临安外围已崩，连左相留梦炎都跑了，明眼人都知道，在高层尚且不能众志成城的情况下，这座

皋亭山文天祥雕像

城池，乃至于整个南宋之地的陷落已经只是时间问题。谢太后曾接连派人向元军统帅伯颜求和，却为其断然拒绝。德祐二年（1276），即至元十三年（1276）正月十六日，元军攻克皋亭山，也就是今天杭州的东北部上城区丁兰街道附近。从临安的城头望去，守军已能望见这近郊的黑云压顶，旌旗蔽空，听到对面铁甲铮铮，和自己怦怦的心跳。在这样危急的时刻，张世杰、文天祥、陈宜中等人一致请求三宫（太皇太后、太后和少帝）弃城移都，但由于海上逃生通道澉浦海口已在去年十二月被占领，南宋朝廷的全盘转移也必将风险重重。

德祐二年（1276年）正月，文天祥担任临安知府。不多久，陈宜中、张世杰撤退，文天祥升任枢密使。不久，再升为右丞相兼枢密使，作为使臣到元军中议和，与元军主帅伯颜在皋亭山争论。伯颜发怒拘捕了文天祥等。于是太皇太后谢道清一面选择率少帝投降，另一面派人护送赵昰、赵昺南逃，以图未来东山再起。

正月十七、十八这两日可能是临安最后的混乱与挣扎。十七日晚，嘉会门，一队轻骑趁着夜色向南边逃去。这支队伍里，有陆秀夫，有杨镇，还有在白天里刚刚被册封为益王和广王的赵昰和赵昺。这条路也就是曾经三百兵士裹挟韩侂胄出城的路。临安外城共有旱城门十三，南面的城楼即是嘉会门，因而临安城人的一切南行，基本都需经过此处。在南宋还煊赫的时候，朝廷前去南郊祭天，或是去高禖坛、籍田先农坛等任何的祀所主持仪式，都是要在自大内南门丽正门出后，行至临安南门嘉会门的。丽正门有三重，都是金钉朱户，光耀溢目，其上铜瓦，龙凤飞骧，恰合"重离丽正"之名。由此去往嘉会门，一路经过左、右阙亭，东西待班阁、登闻鼓院、登闻检院，将两边两行的红漆杈子远远地抛在身后，共计九里三百二十步，一路上都用潮沙填平，以至于路面光滑得如同席面，使得五辂的帝王之驾能平稳通行。待出城到了祭坛，天子走向坛阶的那段路，臣子们还会用黄罗铺地，取名黄道，届时会有一位亲信太监紧跟其后，手捧金盒，迎前一路撒着龙脑冰片的粉末，天子踏过，步步生香。适时"坛壝内外，凡数万众，肃然无哗"，因而中心那人的一切动静都被放到最大：登阶缓行，环佩作响，似韶濩声，"正如九天吹下也"。再没有什么时候能比此刻更加彰显出帝王的神圣了。"黄道宫罗瑞脑香，衮龙升降佩锵锵。大安辇奏乾安曲，万点明星簇紫皇。"然而在正月十七日的这个夜晚，这同一条路上没有黄罗，没有片脑，更没有那身龙袍。两个小儿或许正在不明就里地哭泣，或许已在马背颠簸中沉沉睡去。这一行人竭力收小了响动，缩成一串黑色的标点，向温州方向逃去了。赵昰和赵昺先后被拥立为帝，这杆脆弱的正统旗帜，还将继续被拥宋抗元之人挥舞三年，直至在崖山战败的一跃中，轰然倒塌。

二王出逃次日，太皇太后谢氏便派临安府贾余庆等人向伯颜递上降表，听凭发落，但因为此表尚用南宋年号，且未称臣，于是又被打回。然而，时间至此，兵甲便可平息了，所剩只有漫长而变局渺茫的谈判过程，因为在又次日，也就是十九日，伯颜便派遣董文炳、吕文焕、范文虎等人率轻骑到北关，即余杭门巡逻，他们甚至还能手持大元黄榜进到城中，只不过军不入城罢了。二月五日，宋廷最终接受全部条件，上表投降。赵昺在懵懵懂懂间，被太后和太皇太后携至祥曦殿，和仅存的文武百官们一起，面朝北方，"望阙拜伏"。南宋社稷，至此和他再无关联。在他此时尚且不能想象的很遥远的未来，在西藏远山吹来的薄雪凉风中，赵昺终将再三明白这一点。

二月二十一日，南宋的皇宫及诸衙门户大开，"衮冕、圭璧、符玺及宫中图籍、宝玩、车辂、辇乘、卤簿、麾仗等物"，统统都被拉出来收拾装箱，预备运往大都。若有那实在笨重或难以移动的，兵士们便将之登记造册，予以封存。这是忽必烈所下达的旨意——"秘书省图书，太常寺祭器、乐器、法服、乐工、卤簿、仪卫，宗正谱牒，天文地理图册，凡典故文字，并户口版籍，尽仰收拾"——现在不仅在元军军营中广而告之，还被张贴到了临安城的大街小巷上。

南宋时期的三省六部位于今杭州上城区紫阳街道附近，西倚云居山，东接中山南路，南过万松岭路可见南宋皇城遗址，北邻严官巷，距鼓楼近九百米。如果说这里还属于略微偏南的位置，那么位于清河坊，即今西河坊巷、司前街、外龙舌嘴一带的太常寺和秘书省，就是绝对的临安中段。全城百姓，因而能共同见证这一时刻。曾经，秘书省的汗青轩有苏东坡画过的竹石图，有着蓬峦及酴醾架。南宋的官员在办公时，偶然偷闲，便会自道山堂游乐行经此处，又去群玉亭等折返几圈，听听山风携来的松声，和濯缨泉汩汩的流淌声——这样设置在官衙内的小型园林在南宋其实并不少见。但是到了现在，往来于此的元人无不来去匆匆，只将汗青轩作了藏书的地点之一，着急搬空。甲锈弓断之后，文华锦绣也必将为刀戈烽火焚为灰烬。相似的情景，已经在近一百五十年前的汴京发生过了。亲历过的人已经逝去，而口口相传的惨痛回忆，又会在这些人中，留下多少的印象呢？但不管如何，他们又一次可以亲见了。异族如蚁，窸窸窣窣、零零碎碎地搬走了每一粒珠石。人先是以为打乱了其蜂房水涡的结构，再猛抬头时才会发现，那里矗立着的华美奇观早已成空。

三月二日，伯颜骑着高头大马，进入临安城。那哒哒的马蹄声，表明这座城池已经被打下了新主的烙印，于是旧主也便该离开了。三月十二日，董文炳、阿塔海等人进入宫殿，向惶惶不可终日的宋室君臣下达了最后的通牒。当日晚，除了太皇太后谢氏因病暂留临安外，太后全氏带着恭帝赵㬎，以及其他七十余名宫人官宦，在草草收拾行囊后，被元军驱至北新桥，登船北去了。是夜无人能眠，风吹江面，搅动了一地的哀愁。"遗氓拜路旁，号哭皆失声。"然而那锦帆终究远了，小了，模糊在黑暗中，直至缩为一点小小的曦光，在双目中莹莹不褪。自高宗第一次来到杭州，到宋室最后一次离开杭州，已经过去了一百四十七年。

镇南塔遗骸

"崖海夜寒惟月上，冬青树老又花开。"明人在重读谢翱，回顾宋亡时，最终将这两件事拼接在了一起。崖山战败的悲壮跳海，成就了骤然而逝的绝唱。山冈默应，但只要那白塔尚在，遗民的哭声便能如丝不绝，萦绕在冬青林中。

杨琏真伽，河西著名藏传佛教僧人，疑为党项人，深受忽必烈信重，在至元十四年（1277）至至元二十九年（1292）间担任元朝江南释教都总统，即江南地区掌管佛教事务的最高僧官。至元二十一年（1284）九月，僧人福闻为了讨好杨琏真迦，便将自己所看守的天衣寺，即宁宗次子、魏忠宪王赵恺的坟寺献与后者。杨琏真迦本不以为意，但听闻挖掘出来大量金玉宝物后态度大变，觉得此可为发家之路，便与僧人嗣古妙、国师胆巴的弟子桑哥合谋，上奏请掘宋帝陵墓。恰逢次年泰宁寺僧人宗恺、宗允因盗砍陵区树木与守陵人发生冲突，怀恨在心，有意报复，杨琏真伽便以寺地被侵占为由，发布文书，带领着一群僧人和军士冲进陵区。他们首先挖了宁宗、理宗、度宗、杨后四陵。据说其中以理宗的墓葬最为丰厚，开棺之时，"有白气竟天"。理宗卧着金丝细簟，含着夜明珠，全身都被灌入了水银，面色如生。这群家伙大喜过望，不但把财宝洗劫一空，还将理宗的尸体倒挂在树上，以沥取水银，末了又"物尽其用"，见理宗脑袋甚大，就割走做成了颅钵。藏传佛教素有用头骨碗，又名嘎巴拉碗做仪式法器的传统。对他们来说，能以一个帝王的头颅作原料，"更可厌胜，以致巨富"。然而对宋人而言，他们看见的就是自己的先帝陵寝被犯，尸身遭辱，因而痛不欲生，深感耻恨。看守陵墓的有一个叫作罗铣的中官，阻拦不得，扑地大哭，最后买棺制衣，一边垂泪，一边将随意被丢弃于山野的先帝遗骸收敛安葬，"是夕，闻四山皆有哭声，凡旬日不绝"。此消息一出，南宋旧地为之骇然，舆论大哗。

八月到十一月，杨琏真伽已经将徽宗、钦宗、高宗、孝宗、

光宗并孟、韦、吴、谢四后的陵墓挖了一个遍。他从徽宗陵盗得
走马乌玉笔箱、铜凉拨绣管，从高宗陵得真珠戏马鞍，从光宗陵
得交加百齿梳、香骨案，从理宗陵得伏虎枕、穿云琴（金猫睛为徽，
龙肝石为轸），又有传说是杨贵妃用过的绿玉磬一枚，从度宗陵
得五色藤丝盘、影鱼黄琼扇柄。帝陵挖尽后，被养大胃口的杨琏
真伽便又转向了分散在整个江南的宗室、大臣墓冢。据时人在他
倒台时所揭发的材料来看，竟然有100余处被掘。

南宋遗民本以为这已是至暗时刻，却没成想头上还将重重地
砸下根钉子，那就是福宁殿前、馒头山上的镇南塔。当年高宗选
择定都杭州，有部分原因也是认为此地的凤凰山能留住王气。元
人也继承了这一观念，唯恐宋人凭此东山再起。更何况，他们还
坚信宋帝的先灵会在冥冥中保佑他们的子孙。因此，杨琏真伽有
关筑塔厌胜的提议很快就被批准了。福宁殿本是皇帝的寝宫，结
果被拆除后用原来的建材重建了一座十三丈的壶形白塔，这座白

绍兴南宋皇陵遗址

塔叫镇南塔，或名尊胜寺塔，"内藏佛经数十万卷、佛菩萨万驱，垩饰如雪"。杨琏真伽还用原来宫中镌刻龙观的宫殿石料以及先朝进士题名碑作为建塔的地基，"皆乱砌在地"，要不是有人极力阻挠，高宗御书的儒经石刻（今藏于杭州碑林的南宋太学石经）也差点被拉来砌地基。然而镇南塔中最重要的镇压之物，还是其下南宋诸帝被挖出的遗骸。它们被混以牛马的骨头，千里迢迢地运来临安，又被胡乱丢下。所以后人诗咏南宋，有"故宫忽见旧冬青，一塔如山塞涕零。领访鱼影香骨案，更从何处哭帝陵"之句。

同样是出于杨琏真伽的奏请，南宋大内原宋垂拱殿被改为报国寺，芙蓉殿被改为兴元寺，和宁门建般若寺，延和殿改仙林寺。元人想用镇南塔镇住东南的王气，但人心是镇不住的。南宋大内上建起的白塔于元末基本废毁。据说至顺元年（1330）正月十四

宝石山大佛寺遗迹

的黎明时分，镇南塔为惊雷所劈，天火连着烧了三天才止，塔体因而破损，"杭人惊异，且哀诸帝之不幸也"，便纷纷自发行动起来，或贿赂僧人，或扮作乞丐，偷偷搬走了宋帝的遗骨。当然杭人不可能在元朝统治之下为宋室重新建坟，他们便将遗骨藏在西湖大佛寺旁边上的壶瓶塔，并栽种冬青以标其址。壶瓶塔据说是元时一西河僧人所造，下方为方形的一似屋建筑，装藏经像，又留有一道可供通行，因而又称作过街塔，其上是一蒜头瓶样式的塔尖，彰显着其藏传佛教的身份。今天宝石山东南麓早已不见壶瓶塔的踪影，只有秦始皇缆舟石及大佛寺的大佛石像遗迹。而在元代，杭州人前往大佛寺，既不是赏景也不是拜佛，而是为了哀悼故国。

拱北楼融合

伯颜与张弘范攻下临安，在席上各作一《喜春来》词。伯颜词尾唱的是"山河判断在俺笔尖头。得意秋，分破帝王忧"，而张弘范唱的是"绿杨影里骤骅骝。得志秋，名满凤皇楼"。有人评价说"师才相量，各言其志"。且不提在更遥远的未来镇南塔塌，此刻这位将来的忠武王所能看到的，还只是座收入麾下的新城——大元的临安。在伯颜初克临安，将皇室、仪仗连同典籍等北上运往大都后的这一段时期内，元对临安基本秉持安抚态度。除听凭临安外墙废败之外，虽然元也在尽力淡化城中和皇宋高度绑定的建筑的政治意涵，但已经了解中国礼教的他们为安稳计，并没有进行主动拆除。"杭州初内附，世皇以故都之地，生聚浩繁，资力殷盛"，这时的杭州仍是繁胜之地，至元二十四年（1287）九月四日，文人周密还和好友钱菊泉、王盘前往宝莲山下的阅古泉（韩侂胄故园，陆游曾为之传记），不独其中"石池、亭馆遗迹，历历皆在"，而且从山上俯视，能看见"太庙及执政府在焉"。其余的祭坛、宫殿等虽常使人发出"当年驾幸处，乔木鸟呼风"（景灵宫）、"故宫留得长生树，啼尽流莺到野鸦"（皇宫大内）的感叹，但其大部建筑依然得到保留。

这样的情形很难持久，忽必烈对江南地区抱有极高的警惕，而临安作为宋遗民的精神图腾，自然受到了更严格的监控。这也是杨琏真伽、桑哥等人能获得中央支持，大力推广藏传佛教的根本原因。忽必烈希望能通过宗教的更移，确认和加强政权的转移和巩固。除了建在南宋大内遗址上的五座寺庙外，大量道观与祭坛也被改为寺庙，包括四圣延祥观、西太乙宫、龙翔宫、宗阳宫、郊天圜丘，乃至江南各地名胜都遭此劫，"王气销南渡，僧坊聚北宗"。

随着至元二十八年（1291）桑哥的倒台，为平息江南民怨，元朝改变政策方向，缓慢地重启了对临安的恢复和整顿工作，不少道观得到重建，其政府部门也随着杭州省会地位的加强而开始建设。江浙行省官署是在原南宋秘书省的旧址上兴建的，它"宏敞壮丽，视旧有加焉"，但更值得重视的是其前堂后室、中轴对称、重门立戟的布局规划，系儒家官衙的典型特征，并实际出自杭州路达鲁花赤斡齐尔、理问官柳泽、平章政事乌马尔和阿老瓦丁、左丞赵仁荣、右丞史弼、参知政事特穆尔、签行中书省事郭筠等各族官员之手。

大德二年（1298），拱北楼在原宋朝天门旧址（今杭州鼓楼）上建起。此时它再也不是那个意图抵御北方威胁的军事要门，而是一座向北方宣誓忠诚与敬畏的牌坊。远方的大都是那颗北辰，而各路的省会，不过是稍明的众星，这就是拱北楼名字的意涵，然而，这终究在某种程度上体现了儒家思想又一次地成为新政权的重要政治表达。在拱北楼身后，大量沿袭礼制的官衙在南宋官署旧址上拔地而起。官学得到复兴，先贤重得祭祀。继原南宋太学、国子监旧址上建江南浙西道肃政廉访司之后，新长官徐琰又将其西殿更为西湖书院，并将原建于西湖锁澜桥北、后为杨琏真迦强改为佛寺的三贤祠移至其中，名为"三贤堂"。除此之外，原太

孤山放鹤亭

孤山白苏二公祠

学的石经、书刻也被移至西湖书院的书库中保存起来。白居易、林逋、苏轼等人的印记，连同南宋百年来的文化积累，因而得以继续留存、接力。除却深有徐琰个人色彩的西湖书院，临安的府学其实也被基本保留下来，并成为元朝的杭州路儒学，当年理宗的题字与诸名臣的旧物，依然可为后人所亲览。

当然，新的记忆也被构建，并融入杭州的漫长历史。在原武学旧址上，伯颜祠香火缭绕，元廷特拨祭田，并命"春秋二仲月次戊祀以少牢，用笾豆簠簋，行酹献礼"。对于伯颜"方其统兵下临安……不嗜杀戮"的举动，据说"杭民德之"，因而伯颜祠延续了很长时间，直至清代姚靖《西湖志》记下"今府地废为民居，祠地为按察司马厩矣"。

凤凰寺新客

据马可·波罗说，在他来到杭州时，南宋的皇宫还在："自强安城发足，骑行三日，经行一美丽地域，沿途见有环墙之城村甚重，由是抵极名贵之行在城。行在云者，法兰西语犹言'天城'……此地尚有出走的蛮子国王之宫殿，是为世界最大之宫，周围广有十哩，环以具有雉堞之高墙，内有世界最美丽而最堪娱乐之园囿，世界良果充满其中，并有喷泉及湖沼，湖中充满鱼类。中央有最壮丽之宫室，计有大而美之殿二十所，其中最大者，多人可以会食。全饰以金，其天花板及四壁，除金色外无他色，灿烂华丽，至堪娱目。"这番话当然有可能是马可·波罗夸大自身经历的吹嘘之词，因为这时杭州外城已被推倒，皇宫大内也归为佛寺，然而他对当地整体风气的把握可能还是准确的。

马可·波罗又描写杭州的居民："彼等待遇来共贸易之外人，亦甚亲切，款之于家，待遇周到，辅助劝导，尽其所能。反之，彼等对于士卒，以及大汗之戍兵，悉皆厌恶，盖以其国王及本地长官之败亡，皆缘此辈有以致之也。"马可·波罗很满意杭州人

西湖湖滨路马可·波罗塑像

中山中路南宋英雄群雕像

的态度，毕竟他不过是个远方而来的客人。不过，可能杭州人的态度对另一群人显得更为重要，那就是住在杭州的回回人。

中国在历史上并不是一个封闭的单一民族国家，即便是屡被外族痛击的宋朝也一样。当年靖康之难后，高宗移驾临安，很多已长期定居在中原的西域夷人，也便跟着他跑到南方。待宋恭帝上表称臣后，这些人被纳入到了元朝的统治下，多被分配管制在东南沿海一地，其中又以杭州人数最多。又由于元军攻下杭州，为巩固统治，大量移入畏兀儿（维吾尔）族、回族等人，这些人就在杭州形成了规模不小的聚居点，从而在杭州留下了自己的痕迹。

元代杭州回回人的聚居点，主要有市西坊、天井巷、荐桥和丰乐桥四处。市西坊在今中山中路与西湖大道交叉口一带，是南宋时规模最大的休闲娱乐中心大瓦子的所在。天井巷在今华光路、河坊等一带，杭州市公安局附近，这里在南宋属于天井坊，是南

凤凰寺

宋秘书省等官府的所在地。荐桥，即后来的水漾桥，位置在中山中路与清泰街、开元路相交的地方，如今矗立着一座西洋古典式建筑，花岗岩的爱奥尼克柱在阳光下显得厚重端华。这是沈理源大师的设计作品，清光绪三十三年（1907）所建立的浙江兴业银行总行，它见证了中国近代早期的金融发展史。丰乐桥在荐桥向北不远，今天中河与解放路的交叉地带。丰乐桥因酒肆丰乐楼而得名，平日里灯红酒绿，连东边的皇城司亲从亲事等指挥营（今南班巷附近）官员也被醉酥了骨头。南宋御街，从今天河坊街到解放路一带，这里在南宋是高级住宅林立的黄金地段与休闲娱乐中心。南宋灭亡后，此处豪宅就多为回回人所据，成为外国舶商集中居住地。当年此处还有个俗名，叫作八间楼，因为"有高楼八间……皆富实回回所居"。除了回回人，犹太人、基督教徒、畏兀儿人也有不少混居于此。

回回人日常经营生意，又或任官吏，安逸得久了，便自然想起精神上的大事。位于市西坊南部，也就是这几处定居点中心的礼拜寺，即现在的全国重点文物保护单位、中国四大清真古寺之一的凤凰寺，就是在这时重建的。凤凰寺历史悠久，创建于唐朝（618—907），宋时（960—1279）被毁。元代（1281）著名伊斯兰教人物阿老丁开始重修，明代（1451—1493）期间再次扩建重修，最终形成凤凰寺的建筑群规模。1646年，清朝政府下令再次重建，成为当时中国规模最大的清真寺之一。阿老丁是一名回回大师，负责掌教念经，并引此裁决纠纷，兼任法职，因而在回回社区里享有威望。他的祖父舍剌甫丁本是西域人，由于受到伯颜赏识，被派往浙江省山阴（绍兴）、常山等地为官长达四十年，最后终老杭州。

总之，杭州城的标志性建筑在元朝反复变更改建，杭州城内的居民也呈现多民族、多宗教与国际化的色彩，而这正是一个民族融合、中华民族共同体深度构建的过程。

图书在版编目（CIP）数据

杭州城的南宋史 / 曾亦嘉著 . —— 杭州：浙江大学
出版社 , 2022.12 （2023.11 重印）

ISBN 978-7-308-23429-0

Ⅰ . ①杭… Ⅱ . ①曾… Ⅲ . ①杭州 – 地方史 – 南宋
Ⅳ . ① K925.51

中国版本图书馆 CIP 数据核字 (2022) 第 245816 号

杭州城的南宋史

曾亦嘉　著

责任编辑　蔡　帆　宋旭华

责任校对　吴　庆

封面设计　云水文化

出版发行　浙江大学出版社

　　　　　（杭州市天目山路 148 号　邮政编码 310007）

　　　　　（网址：http://www. zjupress.com）

排　　版　云水文化

印　　刷　杭州宏雅印刷有限公司

开　　本　710mm×1000mm　1/16

印　　张　14.5

字　　数　221 千

版 印 次　2022 年 12 月第 1 版　2023 年 11 月第 2 次印刷

书　　号　ISBN 978-7-308-23429-0

定　　价　88.00 元

HIURC 杭州城研中心